Martin Hundeck
Die „Machtergreifung" in der sächsischen Provinz
am Fallbeispiel der Kleinstadt Dippoldiswalde

Deutscher, vergiß es nicht!
Die Saar kehrte heim! Das Reich wurde frei!
Eine stolze Wehrmacht erstand!

Martin Hundeck

Die „Machtergreifung" in der sächsischen Provinz am Fallbeispiel der Kleinstadt Dippoldiswalde

TUD*press*
2011

Bibliografische Information der Deutschen Nationalbibliothek
Die Deutsche Nationalbibliothek verzeichnet diese Publikation in der Deutschen Nationalbibliografie; detaillierte bibliografische Daten sind im Internet über http://dnb.d-nb.de abrufbar.

Bibliographic information published by the Deutsche Nationalbibliothek
The Deutsche Nationalbibliothek lists this publication in the Deutsche Nationalbibliografie; detailed bibliographic data are available in the Internet at http://dnb.d-nb.de.

ISBN 978-3-942710-17-6

In Kommission bei
TUDpress
Verlag der Wissenschaften GmbH
Bergstr. 70 | D-01069 Dresden
Tel.: 0351/47 96 97 20 | Fax: 0351/47 96 08 19
http://www.tudpress.de

Coverabbildung: Weißeritzzeitung vom 12. 11. 1932
Abbildung gegenüber der inneren Titelseite: Rathaus Dippoldiswalde, um 1936
(Archiv Lohgerber-, Stadt- und Kreismuseum Dippoldiswalde)
Gesetzt vom Autor.
Druck und Bindung: Sächsisches Digitaldruckzentrum GmbH
Printed in Germany.

Inhaltsverzeichnis

A. Einleitung

Untersuchungsebene und Fragestellung

Die vorliegende Arbeit untersucht den historischen Prozess der *Machtergreifung* in einer ausgewählten sächsischen Kleinstadt. Im Gegensatz zum klischierten Bild von einem proletarisch geprägten Sachsen, stand das Untersuchungsobjekt Dippoldiswalde stellvertretend für das bürgerliche Sachsen, dem in der Literatur allerdings nur wenig Aufmerksamkeit gewidmet wurde. Weder Industrie noch Arbeiterbewegung waren hier in einem Maße ausgeprägt, wie es für das Land eigentlich üblich war. Deshalb entspricht die zu untersuchende Kleinstadt eher einem großen Dorf und eignet sich daher hervorragend als Analyseeinheit zur historischen Erfassung des *Machtergreifungs*-Prozesses in der sächsischen Provinz. Die Stadt an der Weißeritz, von den Einheimischen umgangssprachlich *Dipps* genannt, steht sinnbildlich für die Teile Sachsens, welche von der Industrialisierung und der Formierung der Arbeiterklasse weniger stark erfasst wurden. Aus diesem Grund dient Dippoldiswalde der vorliegenden Arbeit als Fallbeispiel für die *Machtergreifung* der Nationalsozialisten in der sächsischen Provinz.

Für den Terminus *Machtergreifung* gibt es in den Geschichtswissenschaften weder eine einheitliche Handhabung noch eine allgemein gültige Interpretation. Fälschlicherweise wurde die Begriffsschöpfung zunächst den Nationalsozialisten selbst zugeschoben. Erst 1983 untersuchte der heute in Jena lehrende Historiker Norbert Frei die historische Plausibilität dieser Zuordnung. Dazu studierte er unter anderem die Aufzeichnungen des Hitler-Stenographen Heinrich Heim, öffentliche Reden bedeutender Nationalsozialisten sowie die zeitgenössische historisierende Literatur. Dabei kommt Frei zu dem Ergebnis, dass das Wort *Machtergreifung* „nicht in die Reihe der Kampfbegriffe und propagandistischen *essentials* der NSDAP"[1] gehörte. Die Nationalsozialisten sprachen demgegenüber vielmehr von einer *Machtübernahme*, von einer *deutschen Revolution*, von einem *Prozess der historischen Umwälzungen* oder gar von den *Kampfjahren 1919 – 1933*. Frei konstatiert, dass der Terminus *Machtergreifung* erst in den fünfziger Jahren seine spätere Konnotation erfuhr:

> „Zweifellos deutlicher als dies der Terminus *Machtübernahme* vermöchte, signalisierte das Wort *Machtergreifung* die in frühen Untersuchungen der deutschen Zeitgeschichtsforschung mit besonderem

[1] Frei, Norbert, 1983: „Machtergreifung". Anmerkungen zu einem historischen Begriff, in: Vierteljahreshefte für Zeitgeschichte 31, München: Deutsche Verlags-Anstalt Stuttgart, S. 140.

Nachdruck hervorgehobene politisch-moralische Illegitimität der Machenschaften, die allenfalls formal als legal zu bezeichnenden Umstände, die Hitler in das Amt des Reichskanzlers gelangen ließen."[2]

Die Gefahr einer gezielten apologetischen Instrumentalisierung hält Frei daher für „relativ gering"[3]. Doch auch bei der Absteckung von Untersuchungsgebiet und Untersuchungszeitraum haben sich differenzierte Herangehensweisen herausgebildet. Dabei ist grundsätzlich zwischen zwei Untersuchungsebenen zu unterscheiden. Ein Ansatz rückt den Aufstieg des Nationalsozialismus in den Mittelpunkt seiner Betrachtung. Im Fokus stehen dabei vor allem das Erstarken der plebiszitären Machtgrundlage einschließlich der Wählersoziologie, der zunehmende parlamentarische Einfluss sowie die gesellschaftliche Ausbreitung des Phänomens des Nationalsozialismus bis hin zur Nazifizierung großer Bevölkerungsteile. Dabei wird die Erringung des Meinungsmonopols in den Mittelpunkt der Untersuchung gerückt. Aus der Perspektive dieses Forschungsansatzes endet die *Machtergreifung* der Nationalsozialisten mit einem „Akt der Machtübertragung"[4] durch eine Koalition aus bürgerlicher und nationalsozialistischer Parlamentsmehrheit. Die Ernennung Adolf Hitlers zum Reichskanzler am 30. Januar 1933 schließt aus diesem Blickwinkel eine Entwicklung ab. Ein anderer Ansatz rückt die institutionelle bzw. verwaltungstechnische Dimension in den Vordergrund. Fokussiert werden dabei der Zugriff auf die Verwaltung sowie die Parallelisierung von Befehlsketten und Entscheidungszentren. Entsprechende Studien beschäftigen sich mit der Erringung des Machtmonopols und der Formierung des *Dritten Reiches*. Im Gegensatz zum ersten Ansatz beginnt der Prozess der *Machtergreifung* aus dieser Perspektive mit dem 30. Januar 1933. Einige Arbeiten integrieren beide Untersuchungsebenen.

Die vorliegende Arbeit legt den Schwerpunkt auf den Aufstieg des Nationalsozialismus und die damit einhergehende Auflösung der Weimarer Republik. Dies wird vor allem damit begründet, dass die institutionelle Ebene für die realhistorische Entwicklung einer kleinen Provinzstadt von geringerer Bedeutung war als etwa auf Gliedstaatebene. Angesichts des Anpassungsdrucks, unter welchem die gewöhnliche kommunale Verwaltung von Provinzgemeinden stand, erweist sich der Aufbau einer NS-Verwaltung weder als vordergründig noch als realpolitisch entscheidend. Als Beispiel dafür dient etwa die Tatsache, dass die Ernennung Adolf Hitlers und Paul von Hindenburgs zu Dippoldiswalder

---

[2] Ebenda, S. 144.
[3] Ebenda.
[4] Hildebrand, Klaus, 2003: Das Dritte Reich, München: Oldenbourg Verlag, S. 2.

Ehrenbürgern auf einer Initiative des seit 1927 amtierenden bürgerlichen Bürgermeister Walter Höhmann beruhte.[5]

Diesem Ansatz geschuldet, stellt sich die Frage, wie sich der Aufstieg der Nationalsozialisten in der Region um Dippoldiswalde gestaltete? Welche Rahmenbedingungen schufen welches politische Klima in der Stadt? Dazu erfolgt zunächst ein tiefer Schnitt in die Historie von Dippoldiswalde. Um politische Kontinuitäten und Diskontinuitäten herauszuschälen, werden hierfür zu Beginn des dritten Kapitels politische Traditionen in der Stadt erfasst. Die Auswertung von Wahlergebnissen steht dabei genauso im Mittelpunkt wie der sozioökonomische Gesamtzustand der Stadt, die Industrialisierung und die Formierung einer sozialistischen Arbeiterbewegung. Neben den von gesamtgesellschaftlichen Rahmenbedingungen geschaffenen politischen Traditionen werden die ökonomischen Eckdaten und deren zivilgesellschaftliche Konsequenzen erfasst. Welche sozialmoralischen Milieus fanden die Nationalsozialisten in Dippoldiswalde vor und welche Ausgangsbedingungen begünstigten dabei ihre spezifische Ausprägung? Inwiefern wirkte sich die analysierte kognitive Basis auf die gesellschaftliche Expansion des Nationalsozialismus günstig bzw. ungünstig aus?

In einem dritten Schritt wird der Vormarsch der NS-Bewegung analysiert. Welche konkreten Entwicklungen führten zu einer wie starken Nazifizierung der Dippser Gesellschaft? Neben der Massenmobilisierung und den Wahlerfolgen steht dabei vor allem im Mittelpunkt, welche Persönlichkeiten und Ereignisse für die nötige Popularisierung in der Stadt sorgten und der NSDAP die gesellschaftlichen Erfolge zuführten? Hierfür werden die Machtstrukturen und Netzwerke in der Stadt skizziert.

Im vierten Kapitel, der Schlussbetrachtung, soll dieser Aufstieg des Nationalsozialismus mit den Entwicklungen im Land Sachsen verglichen werden. Der Prozess der *Machtergreifung* in Dippoldiswalde soll dazu in Bezug auf die sächsische Gesamtsituation interpretiert und eingeordnet werden. Als empirische Grundlage dient sowohl die im zweiten Kapitel analysierte Entwicklung in Sachsen als auch die im dritten Kapitel analysierte Entwicklung in Dippoldiswalde.

Literaturbericht und Forschungsstand

Ausgehend vom Gehalt der historischen Aufbereitung existieren zwischen dem zweiten und dritten Kapitel fundamentale Unterschiede. Während die *Machtergreifung* in Sachsen,

[5] Vgl.: Sächsische Landes- und Universitätsbibliothek Dresden: Weißeritzzeitung, 1. Mifi. Z. 184: Film 84, 08.04.1933.

Gegenstand des zweiten Kapitels, ausgiebig erforscht ist, klafft gerade auf kommunaler Ebene eine große Forschungslücke: „Das ist umso erstaunlicher, da gerade auf dieser Ebene der Aufstieg der NS-Bewegung begann und ohne kommunalpolitischen Hintergrund dieser wohl auch nicht so erfolgt wäre.“[6] Auch in Dippoldiswalde galt diesem historischen Prozess bisher kein geschichtswissenschaftliches Interesse. Diesen Umstand soll die vorliegende Arbeit beenden. Der jeweilige Forschungsstand schlägt sich auch in der verwendeten Literatur und den eigenen Forschungsbemühungen nieder. Während die Erkenntnisse aus dem zweiten Kapitel ausschließlich auf Sekundärliteratur basieren, wurden für das dritte Kapitel Akten und archivierte Zeitungen hinsichtlich der Fragestellung erstmals sowohl aufgeschlagen als auch erschlossen. Bedient sich das zweite Kapitel somit ausdrücklich des bereits erarbeiteten Forschungsstandes, führen die Erkenntnisse des dritten Kapitels der Geschichtswissenschaft neue empirische Daten zu. Gearbeitet wurde dazu vor allem mit der Lokalpresse der damaligen Zeit, der *Weißeritz-Zeitung*, und den *Politischen und wirtschaftlichen Nachrichten* des Stadtrates. Die Recherche und Forschung in der *Weißeritz-Zeitung* ist nur in der *Sächsischen Staats- und Universitätsbibliothek Dresden*, dem *Sächsischen Hauptstaatsarchiv Dresden* und eingeschränkt im Dippoldiswalder *Lohgerber-, Stadt- und Kreismuseum* möglich. Eine weitere fundamental notwendige Primärquelle befand sich im Kreisarchiv des *Landratsamtes Sächsische Schweiz – Osterzgebirge*. Für die politische Informationsverarbeitung der Kreishauptmannschaft musste der Stadtrat zu Dippoldiswalde allmonatlich die politischen Aktivitäten festhalten. Diese Schlüsseldokumente geben folglich einen Überblick über Stärke, Mobilisierungsfähigkeit, Dynamik und Anziehungskraft der jeweiligen politischen Lager. Die letzten im Kreisarchiv verbliebenen Akten zur NSDAP fielen 2002 leider der Jahrhundertflut zum Opfer. Aber auch andere Akten und Schriften in Kreisarchiv und Lohgerbermuseum füllten den Wissenschaftsbedarf. Keine historischen Dokumente, sondern wissenschaftliche Aufsätze und Monographien bildeten die Grundlage für das zweite Kapitel. Der gute Forschungsstand auf diesem Gebiet garantierte von Anfang an eine solide Arbeitsgrundlage. Qualitativ und quantitativ wird diese Forschung angeführt von einer Promotion aus dem Jahre 2004.[7] Neben Andreas Wagner haben allerdings auch andere Historiker Anteil an dem guten Forschungsstand auf diesem Gebiet. Rückte Wagner eher den Zugriff der Nationalsozialisten auf die sächsische Verwaltung in den Mittelpunkt seiner Bemühungen, konzentrierte sich Claus-Christian Szejnmann auf die gesellschaftliche Dimension und den Aufstieg des Nationalsozialismus in Sachsen. Die vorliegende

---

[6] Peschel, Andreas, 2009: Rudolf Haake und die Leipziger NSDAP, in: Stadtgeschichte. Mitteilungen des Leipziger Geschichtsvereins, Markkleeberg: Sax-Verlag, S. 133.
[7] Vgl.: Wagner, Andreas, 2004: Machtergreifung in Sachsen, Köln: Böhlau Verlag.

Untersuchung arbeitet mit einer überarbeiteten Auflage aus dem Jahre 2000.[8] Dank Szejnmann ist dieses Thema zudem unter das Mikroskop der internationalen Forschungsgemeinde gelegt worden.[9] Auch für die Analyse der relevanten gesellschaftspolitischen Traditionen und Kontinuitäten findet der Forscher mittlerweile genügend Literatur. Das war nicht immer so. Spielten die sächsische Industrialisierung sowie die Formierung der sozialistischen Arbeiterbewegung aus marxistischer Perspektive für die DDR-Geschichtsschreibung eine überaus wichtige Rolle, wurde das Thema der völkisch-antisemitischen Entwicklung in den Hintergrund gedrängt und geschichtswissenschaftlich vernachlässigt. Mehrere Aufsätze, veröffentlicht insbesondere in einem 2004 erschienenen Sammelband der *Ephraim Carlebach Stiftung*, trugen diesem Umstand Rechung und beleuchteten explizit den sächsischen Pfad des Phänomens.[10]

---

[8] Szejnmann, Claus-Christian, 2000: Vom Traum zum Alptraum. Sachsen in der Weimarer Republik, Dresden: Sächsische Landeszentrale für politische Bildung.

[9] Vgl.: Szejnmann, Claus-Christian, 1999: Nazism in central germany. The brownshirts in "red' saxony, Oxford: Berghahn Books.

[10] Vgl.: Ephraim Carlebach Stiftung; Sächsische Landeszentrale für politische Bildung (Hrsg.), 2004: Antisemitismus in Sachsen, Dresden: Grafia Druck Radeberg GmbH.

B. Die *Machtergreifung* in Sachsen

1. Sozioökonomische und politische Ausgangslage

Die Massenmobilisierung des Nationalsozialismus war nicht nur ein „Kind der Krise“[11]. Neben den ökonomischen und sozialen Problemen nach Ende des Ersten Weltkrieges und während der Weimarer Republik gab es auch einen politischen Raum, der den Aufstieg der NSADP stimulierte und der die sächsische Politik in der Weimarer Republik insgesamt beeinflusste. Diesen gilt es, im Folgenden zu analysieren.

1.1. Das *rote Königreich*

Sachsen stellt, historisch betrachtet, ein sozialdemokratisches Erfolgsmodell dar. Bei der konstituierenden Wahl zum Reichstag des Norddeutschen Bundes 1867 erreichten die sächsischen Wahlkreise Glauchau-Meerane und Crimmitschau-Zwickau die ersten Mehrheiten für die Sozialdemokratie. Die gewählten sächsischen Sozialdemokraten August Bebel und Reinhold Heinrich Schraps besetzten daraufhin die ersten zwei sozialdemokratischen Mandate im Reichstag. Nachdem Sachsen 1871 Teil des neu begründeten Deutschen Reiches wurde, entwickelte es sich zum Zentrum der deutschen Sozialdemokratie. Während die SPD im großen preußischen Königreich 1874 gerade mal 4,6 Prozent der Stimmen erreichte, lag sie in Glauchau-Meerane schon bei 80 Prozent und in mehreren anderen sächsischen Wahlkreisen deutlich über 50 Prozent: „Von solchen Ergebnissen konnten die Sozialdemokraten in Preußen nur träumen.“[12] Ihren wilhelminischen Rekord erreichte die sächsische SPD bei den Reichstagswahlen 1903, als sie fast 60 Prozent der Wähler für sich mobilisieren konnte und in „22 der 23 sächsischen Wahlkreise den Reichstagssitz gewann“[13], damit war Sachsen auf der parlamentarischen Ebene des Reiches fast allein durch die SPD vertreten: „Seither spricht man vom Roten Königreich Sachsen, ein Ruf, der die Jahrzehnte, die politischen Zäsuren und Brüche überdauerte und schließlich 1990 noch in den Fehlprognosen zum Ausgang der Volkskammerwahlen nachwirkte.“[14] Auf Landesebene konnte die SPD ihren demokratischen Stimmenanteil zunächst nicht in

---

[11] Thamer, Ulrich, 2002: Der Nationalsozialismus, Stuttgart: Reclam, S. 25.

[12] Walter, Franz, 1993: Sachsen und Thüringen: Von Mutterländern der Arbeiterbewegung zu Sorgenkindern der SPD. Einführung und Überblick, in: Derselbe; Dürr, Tobias; Schmidtke, Klaus (Hrsg.): Die SPD in Sachsen und Thüringen zwischen Hochburg und Diaspora, Bonn: Verlag J.H.W. Dietz Nachf. GmbH, S. 12.

[13] Ebenda.

[14] Ebenda.

politische Macht umsetzen. Eine Wahlrechtsreform von 1896 und die damit verbundene Einführung des Dreiklassenwahlrechts sicherte den Konservativen eine Zweidrittelmehrheit im sächsischen Landtag, belegte aber auch die politische Rückständigkeit Sachsens. Der konfrontative Umgang der Konservativen mit den Sozialdemokraten und die scharfe Ausgrenzung führten zu einer nachhaltigen Radikalisierung der SPD.

Tab.1: SPD-Reichtagsmandate 1867 bis 1878.

	Feb 1867	Aug 1867	Mrz 1871	Jan 1874	Jan 1877	Jun 1878
SPD insgesamt	2	6	2	9	12	9
davon aus Sachsen	2	4	2	6	7	6

Sie agitierte in mehreren Protestveranstaltungen gegen diesen „Wahlrechtsraub“[15]: „Allein im November 1905 fanden 130 Protestversammlungen statt.“[16] Vor dem Hintergrund der Ereignisse in Russland und Österreich sah sich die sächsische Monarchie zunehmend unter Handlungsdruck. Der gemäßigt konservative Friedrich August III., der 1904 als letzter König den sächsischen Thron bestieg, ernannte 1906 den als liberal geltenden Graf Hohenthal zum Innenminister. Unter Hohenthal wurde das Dreiklassenwahlrecht wieder aufgehoben und die Situation entschärft, die spätestens seit 1896 implementierte scharfe Polarisierung zwischen Bürgertum und Arbeiterschaft blieb indes bestehen und sollte sich mit dem Aufstieg der Nationalsozialisten sogar noch verstärken: „In Sachsen prallten die Extreme aufeinander, nirgends waren die gesellschaftlichen Spannungen so stark ausgeprägt, die politische Kultur der unterschiedlichen sozialmoralischen Milieus so gegensätzlich verfasst.“[17] Dieser spezifischen Situation verdankt die SPD eine besonders disziplinierte Stammwählerschaft in Sachsen. Bei den Wahlen zur Zweiten Kammer entfielen 1909 knapp 54 Prozent der gültigen Stimmen auf die Sozialdemokraten.[18] Weil das neue Pluralwahlrecht aber noch immer ein Viertel der Wähler ausschloss und auch die „Wahlkreisgeometrie die Sozialdemokratie benachteiligte“[19], konnte die SPD auch diesen absoluten Stimmenanteil nicht in Mandatszahlen umsetzen: „Dennoch, die Zeiten, in denen dem einzigen sozialdemokratischen Abgeordneten , Hermann Goldstein, 53 konservative, 23 nationalliberale, drei freisinnige und

[15] Rudolph, Karsten, 1995: Die sächsische Sozialdemokratie. Vom Kaiserreich zur Republik 1871 – 1923, Köln: Böhlau Verlag, S. 54.
[16] Ebenda, S. 57.
[17] Vollnhals, Clemens, 2002: Der gespaltene Freistaat: Der Aufstieg der NSDAP in Sachsen, in: Derselbe (Hrsg.): Sachsen in der NS-Zeit, Leipzig: Gustav Kiepenheuer Verlag GmbH, S. 9.
[18] Rudolph, Karsten, 1995: Die sächsische Sozialdemokratie. Vom Kaiserreich zur Republik 1871 – 1923, Köln: Böhlau Verlag, S. 60.
[19] Ebenda.

ein antisemitischer Abgeordneter gegenüberstanden waren vorbei. [...] Für die Sozialdemokratie lag das Wahlergebnis somit deutlich über dem Resultat der Hottentottenwahlen. Nie zuvor hatte sie eine so große Anzahl von Mitgliedern der Zweiten Kammer gestellt."[20]

Parlamentswahlen stellen dabei nicht den einzigen Indikator dar, mit dem sich nachweisen lässt, dass den sächsischen Sozialdemokraten im reichsweiten Vergleich eine „Spitzenstellung"[21] beschieden war. Nirgends übertraf die Mitgliederdichte der Parteiverbände in den anderen Gebieten die Dichte der sächsischen Gliederungen: „Während die sozialdemokratischen Ortsvereine von Bochum, Gelsenkirchen und Essen im Jahr 1912 gerade 0,8 Prozent der Bevölkerung organisiert hatten, waren in Dresden, Chemnitz und Leipzig mehr als vier von Hundert Einwohnern im Besitz eines sozialdemokratischen Parteibuchs. Das Mittel im Deutschen Reich betrug in diesem Jahr 1,5."[22] Die Mitgliederdichte der Sozialdemokratie verlor erst nach den Spaltungen in der Arbeiterbewegung an Substanz. Während das Reichsmittel bis 1930 leicht auf 1,6 Prozent stieg, sank es in Sachsen auf 2,8 Prozent. Die Parteimitgliederdichte war somit aber noch deutlich höher als der Durchschnitt, auch wenn von einer Spitzenstellung keine Rede mehr sein kann. In den Bezirken Magdeburg, Hamburg und Schleswig-Holstein waren jetzt prozentual mehr Menschen Parteimitglied als im sächsischen Mittel.[23] Während aber in Dresden, Leipzig und Chemnitz 1930 neue Mitglieder rekrutiert werden konnten, verlor die SPD in der Amtshauptmannschaft Zwickau bereits spürbar Mitglieder.[24] Im Südwesten von Sachsen, einer ehemaligen Hochburg der organisierten Arbeiterbewegung, waren die Nationalsozialisten zu diesem Zeitpunkt schon ein ernst zunehmender und gewichtiger politischer Faktor.

Für die Beschreibung des Zusammenhangs zwischen der sozioökonomischen Struktur und einer erfolgreichen sozialdemokratischen Formierung galt zumindest bis 1920 eine soziologische Formel: „Industriell, proletarisch und protestantisch musste eine Region sein, dann waren den Sozialdemokraten gute bis herausragende Wahlerfolge gewiss."[25] Diese

---

[20] Ebenda.

[21] Walter, Franz, 1993: Sachsen und Thüringen: Von Mutterländern der Arbeiterbewegung zu Sorgenkindern der SPD. Einführung und Überblick, in: Derselbe; Dürr, Tobias; Schmidtke, Klaus (Hrsg.): Die SPD in Sachsen und Thüringen zwischen Hochburg und Diaspora, Bonn: Verlag J.H.W. Dietz Nachf. GmbH, S. 13.

[22] Ebenda.

[23] Vgl.: Vorstand der Sozialdemokratischen Partei, 1931: Jahrbuch der Deutschen Sozialdemokratie für das Jahr 1930, Berlin.

[24] Vgl.: Ebenda, S. 201.

[25] Walter, Franz, 1993: Sachsen und Thüringen: Von Mutterländern der Arbeiterbewegung zu Sorgenkindern der SPD. Einführung und Überblick, in: Derselbe; Dürr, Tobias; Schmidtke, Klaus (Hrsg.): Die SPD in Sachsen und Thüringen zwischen Hochburg und Diaspora, Bonn: Verlag J.H.W. Dietz Nachf. GmbH, S. 16.

Gleichung ging besonders gut in Sachsen auf, wie sich leicht nachweisen lässt. Einer der wichtigsten Konstituierungsfaktoren der sozialistischen Arbeiterbewegung war die „Dominanz der Industrie in der Wirtschaftsgeographie“[26] Sachsens. In seiner Dissertation zur sächsischen Sozialdemokratie, schrieb der Historiker Karsten Rudolph der sächsischen Region eine Vorreiterfunktion in der industriellen Revolution zu: „Sie [die Industrialisierung, Anm. des Autors] setzte um 1800 ein und kam bereits 1830 in der relativen Geschlossenheit eines ganzen Landes zu einem vorläufigen Abschluss.“[27] Auch für den Politikwissenschaftler Franz Walter stellt Sachsen im mitteleuropäischen Maßstab ein „Pionierland der Industrialisierung“[28] dar. Tatsächlich folgen die Autoren damit der gängigen Lesart, dass Sachsen in der deutschen Industrialisierung eine Vorreiterrolle einnahm: „Im Unterschied zum deutschen Kaiserreich insgesamt war der Übergang vom Agrar- zum Industriestaat in Sachsen längst vollzogen.“[29] In den Geschichtswissenschaften wird der Abschluss der Industrialisierung auf den Zeitraum um 1860 datiert, ein vergleichsweise früher Zeitpunkt.[30] Schon 1914 arbeiteten nicht mehr als 16 Prozenten der Beschäftigten in der Land- und Forstwirtschaft, der Anteil der Beschäftigten im Handel und der Industrie war dementsprechend hoch. 1925 arbeiteten nicht einmal mehr zehn von hundert Beschäftigen im ersten Sektor: „Mit dem Anteil der in Land- und Forstwirtschaft Tätigen an der Gesamtbevölkerung steht Sachsen am Schluss der Reichsübersicht, abgesehen von den drei Hansestädten und Berlin.“[31] Sachsens industrieller Pioniercharakter scheint damit nachgewiesen, es ist jedoch auf signifikante Unterschiede zu anderen industriellen Gebieten hinzuweisen. Während etwa im Ruhrbetrieb Großbetriebe dominierten und damit binnen kürzester Zeit Großstädte entstanden, entwickelten sich in Sachsen die sogenannten Industriedörfer. Eine Schwerindustrie nach westdeutschem Muster existierte „nur in bescheidenem Umfange“[32]. Trotz dessen, dass Sachsen mit seinen fast fünf Millionen Einwohnern das am dichtesten besiedelte Gebiet des Reiches[33] war und neben Belgien über

---

[26] Ebenda, S. 14.

[27] Rudolph, Karsten, 1995: Die sächsische Sozialdemokratie. Vom Kaiserreich zur Republik 1871 – 1923, Köln: Böhlau Verlag, S. 35.

[28] Walter, Franz, 1993: Sachsen und Thüringen: Von Mutterländern der Arbeiterbewegung zu Sorgenkindern der SPD. Einführung und Überblick, in: Derselbe; Dürr, Tobias; Schmidtke, Klaus (Hrsg.): Die SPD in Sachsen und Thüringen zwischen Hochburg und Diaspora, Bonn: Verlag J.H.W. Dietz Nachf. GmbH, S. 14.

[29] Rudolph, Karsten, 1995: Die sächsische Sozialdemokratie. Vom Kaiserreich zur Republik 1871 – 1923, Köln: Böhlau Verlag, S. 35.

[30] Vgl.: Gross, Reiner, 1997: Die sächsische Landwirtschaft in der zweiten Hälfte des 19. Jahrhunderts. Tendenzen der kapitalistischen Entwicklung, in: Aurig, Rainer; Herzog, Steffen; Lässig, Simone (Hrsg.): Landesgeschichte in Sachsen, Bielefeld: Verlag für Regionalgeschichte, S. 163.

[31] Röllig, Gerhard, 1928: Wirtschaftsgeographie Sachsens, Leipzig, S. 46.

[32] Ebenda, S. 142.

[33] Vgl.: Blaschke, Karlheinz, 1965: Industrialisierung und Bevölkerung in Sachsen im Zeitraum von 1830 bis 1890, in: Raumordnung im 19. Jahrhundert, Hannover: Gebrüder Jänecke Verlag, S. 70

das am besten ausgebaute Eisenbahnnetz verfügte, etablierte sich eine vergleichsweise kleinstädtische Struktur. Die Urbanisierung fand auf dem Land statt. Ausgehend von dieser spezifisch sächsischen Entwicklung, begünstigte eine Reihe von Faktoren die Formierung einer sozialdemokratischen Gesellschaft. Statt in anonymen Arbeitervierteln, konnten die Protagonisten der Arbeiterbewegung hier in traditionellen Clustern wirken: „So adaptierte sie deren [der Zunftgesellenbewegung, Anm. des Autoren] berufsgenossenschaftliche Organisierung und überörtliche Kommunikationsformen.“[34] Das sich daraus entspinnende „eng verwobene Organisationsmilieu“[35], bestehend aus Sport- und anderen Freizeitverbänden, bildete eine entscheidende Grundlage für die Herausbildung eines kollektiven Klassenbewusstseins, einer „sozialdemokratischen Grundmentalität“[36]: „Vor allem über sie [die Freizeitorganisationen, Anm. des Autors] hatte sich die Sozialdemokratie tief in die Lebenswelten der Menschen hier eingegraben und verankert.“[37] Neben diesen industriellen und proletarischen Formierungsfaktoren begünstigte auch der Protestantismus die Integrationskraft der SPD. Lange bevor Sachsen den Ruf eines *roten Königreichs* erlangte, war es als das „Mutterland der Reformation“[38] bekannt. Nur in Ostsachsen existierten noch wahrnehmbare und bedeutende katholische Gemeinden: „Den sozialdemokratischen Organisationsbemühungen kam das entgegen, da die protestantische Kirche im Unterschied zum Katholizismus, der seit Beginn der modernen bürgerlichen Gesellschaft ebenfalls eine Vielzahl von Vereinen für Arbeiter ins Leben gerufen hatte, die Brisanz der soziale Frage nicht recht begriffen hatte.“[39] Deshalb konnte sich die sächsische Sozialdemokratie als „Auffangbecken“[40] anbieten und die „vermeintlichen und realen Verlierer der industriekapitalistischen Modernisierung absorbieren“[41]. Der Protestantismus blieb aber nicht nur für die sozialistische Arbeiterbewegung ein Konstituierungsfaktor. Auch die völkische und später nationalsozialistische Bewegung konnte vor diesem Hintergrund bestens mobilisieren.

---

[34] Rudolph, Karsten, 1995: Die sächsische Sozialdemokratie. Vom Kaiserreich zur Republik 1871 – 1923, Köln: Böhlau, S. 34.

[35] Walter, Franz, 1993: Sachsen und Thüringen: Von Mutterländern der Arbeiterbewegung zu Sorgenkindern der SPD. Einführung und Überblick, in: Derselbe; Dürr, Tobias; Schmidtke, Klaus (Hrsg.): Die SPD in Sachsen und Thüringen zwischen Hochburg und Diaspora, Bonn: Verlag J.H.W. Dietz Nachf. GmbH. S. 14.

[36] Ebenda.

[37] Ebenda.

[38] Rudolph, Karsten, 1995: Die sächsische Sozialdemokratie. Vom Kaiserreich zur Republik 1871 – 1923, Köln: Böhlau Verlag, S. 41.

[39] Walter, Franz, 1993: Sachsen und Thüringen: Von Mutterländern der Arbeiterbewegung zu Sorgenkindern der SPD. Einführung und Überblick, in: Derselbe; Dürr, Tobias; Schmidtke, Klaus (Hrsg.): Die SPD in Sachsen und Thüringen zwischen Hochburg und Diaspora, Bonn: Verlag J.H.W. Dietz Nachf. GmbH. S. 15.

[40] Rudolph, Karsten, 1995: Die sächsische Sozialdemokratie. Vom Kaiserreich zur Republik 1871 – 1923, Köln: Böhlau Verlag, S. 41.

[41] Ebenda.

1.2. Die völkische Bewegung

Neben den sozioökonomischen Faktoren politisierten auch religiöse und ethnische Ideen den politischen Raum in Sachsen. Die Region an Elbe, Mulde und Erzgebirge gilt dabei als ein Land, in dem der Antisemitismus eine besonders ausgeprägte Rolle spielte. 2004 gab die *Ephraim Carlebach Stiftung* zusammen mit der Sächsischen Landeszentrale einen historischen Sammelband heraus, welcher sich diesem Phänomen explizit aus sächsischer Perspektive nähert.[42] In der Einleitung dieses Bandes schält die Historikerin und Rechtsextremismusforscherin Solvejg Höppner die tiefen Wurzeln des sächsischen Antisemitismus heraus: „Seit der zweiten Hälfte des 16. Jahrhunderts unter der Regierung des Kurfürsten August (1553-1586) kam es im Zusammenhang mit der Reformation zu einem Siedlungsverbot für Juden in Sachsen."[43] Speiste sich der traditionelle Antijudaismus zunächst aus religiösen Momenten, entwickelte sich später ein ökonomisch tradierter Antisemitismus, in welchem das „wirtschaftliche Konkurrenzmotiv"[44] dominant wurde. So waren es die fiskalischen und monetären Bedürfnisse des Kurfürsten Friedrich August I., bekannt als *August der Starke,* welche es ermöglichten, dass sich wieder jüdische Familien in Dresden und Leipzig ansiedeln durften. 1835 lebten nur ungefähr 800 Juden in diesen beiden Städten. Mit dem Aufstieg Leipzigs zur Messestadt, zog es immer mehr Juden in die aufblühende Handelsstadt. Von den 2000 Juden die 1867 in Sachsen lebten, wohnte der Großteil in Leipzig: „Großhandelskaufleute sowie Kommissions- und Meßmakler bildeten einen Großteil der Einwanderer."[45] Eine „neue Dynamik"[46] erhielt die Einwanderung der Juden in Sachsen erst durch die Reichseinigung und dem damit verbundenen Wegfall aller restriktiven Gesetze für Juden. Für den Berliner Antisemitismusforscher Werner Bergmann verschwanden damit aber keineswegs antijudaistische Vorurteile, Judenemanzipation wurde vielmehr als „notwendiger Bestandteil"[47] einer Rechtsliberalisierung angesehen. Die Sozialhistorikerin Simone Lässig geht deutlich weiter und macht dem widersprechend einen

---

[42] Vgl. dazu: Ephraim Carlebach Stiftung; Sächsische Landeszentrale für politische Bildung (Hrsg.), 2004: Antisemitismus in Sachsen, Dresden: Grafia Druck Radeberg GmbH.

[43] Höppner, Solvejg, 2004: Einleitung, in: Ephraim Carlebach Stiftung; Sächsische Landeszentrale für politische Bildung (Hrsg.), 2004: Antisemitismus in Sachsen, Dresden: Grafia Druck Radeberg GmbH, S. 9.

[44] Bergmann, Werner, 2004: Vom Antijudaismus zum Antisemitismus, in: Ephraim Carlebach Stiftung; Sächsische Landeszentrale für politische Bildung (Hrsg.): Antisemitismus in Sachsen, Dresden: Grafia Druck Radeberg GmbH, S. 19.

[45] Höppner, Solvejg, 2004: Einleitung, in: Ephraim Carlebach Stiftung; Sächsische Landeszentrale für politische Bildung (Hrsg.): Antisemitismus in Sachsen, Dresden: Grafia Druck Radeberg GmbH, S. 9.

[46] Ebenda.

[47] Bergmann, Werner, 2004: Vom Antijudaismus zum Antisemitismus, in: Ephraim Carlebach Stiftung; Sächsische Landeszentrale für politische Bildung (Hrsg.): Antisemitismus in Sachsen, Dresden: Grafia Druck Radeberg GmbH, S. 27.

„Stimmungsumschwung“[48] zu Ungunsten antijüdischer Haltungen aus. Eine Mischung dieser beiden Lesarten wird schließlich dazu geführt haben, dass sich vor allem wieder osteuropäische Juden verstärkt in Sachsen niederließen. In den Folgejahren entfaltete sich ein reges jüdisches Leben: „Auf dieser Basis entstanden zwischen 1873 und 1904 neue jüdische Gemeinden in Chemnitz, Zittau, Plauen, Bautzen, Annaberg und Zwickau.“[49] Mit der Gründerkrise und der wirtschaftlichen Rezession von 1873 bis 1879 breitete sich mithilfe antiliberaler Ressentiments ein „massiver Antisemitismus“[50] aus. Diese antisemitische Hochphase konstruierte ganz neue „Treibhäuser der Judenfeindschaft“[51]. Der Antisemitismus, bis dato vor allem religiös und ökonomisch motiviert, verformte sich im Zeitalter der Biologie mit kognitiven nationalistisch-xenophoben, chauvinistisch-rassistischen und sozialdarwinistischen Versatzstücken. Die Judenemanzipation wurde zur „Weltfrage“[52] zugespitzt. Mit dem Preissturz der Agrarprodukte um die Jahrhundertwende verschärfte sich die soziale Lage auf dem Land. Vor allem dort arrangierte sich die wilhelminische Gesellschaft mit dem antisemitischen Gedankengut. Bergmann konstatiert: „Zwischen 1910 und 1913 ist ein regelrechter Gründungsboom antisemitisch-völkischer Organisationen festzustellen, die die goldene und rote Internationale als Feind der deutschen Nation auserkoren hatten.“[53] Von Sachsen aus agitierte der prominente Antisemit und „Erzvater“[54] der Völkischen Theodor Fritsch, neben Diederich Hahn und Max Liebermann von Sonnenberg einer der bedeutendsten Ideologen auf diesem Gebiet.[55] In seinem 1902 gegründeten Leipziger *Hammer-Verlag* wurde 1907 das in rechten Kreisen oft zitierte *Handbuch zur Judenfrage* publiziert. Auch andere sächsische Großstädte waren wichtige Zentren der Antisemitismusbewegung. In Dresden bestimmte eine Koalition aus Konservativen und Reformern die Politik bis 1918. In keiner anderen größeren deutschen Stadt besetzten Antisemiten über so einen langen Zeitraum Regierungsbänke. Schon 1879

---

[48] Lässig, Simone, 2004: Staat und liberales Bürgertum im Emanzipationsdiskurs des 19. Jahrhunderts – Das Beispiel Sachsen, in: Ephraim Carlebach Stiftung; Sächsische Landeszentrale für politische Bildung (Hrsg.): Antisemitismus in Sachsen, Dresden: Grafia Druck Radeberg GmbH, S. 58.
[49] Höppner, Solvejg, 2004: Einleitung, in: Ephraim Carlebach Stiftung; Sächsische Landeszentrale für politische Bildung (Hrsg.): Antisemitismus in Sachsen, Dresden: Grafia Druck Radeberg GmbH, S. 9.
[50] Vollnhals, Clemens, 2002: Der gespaltene Freistaat: Der Aufstieg der NSDAP in Sachsen, in: Derselbe (Hrsg.): Sachsen in der NS-Zeit, Leipzig: Gustav Kiepenheuer Verlag GmbH, S. 10.
[51] Bergmann, Werner, 2004: Vom Antijudaismus zum Antisemitismus, in: Ephraim Carlebach Stiftung; Sächsische Landeszentrale für politische Bildung (Hrsg.): Antisemitismus in Sachsen, Dresden: Grafia Druck Radeberg GmbH, S. 27.
[52] Ebenda.
[53] Ebenda, S. 30.
[54] Breuer, Stefan, 2008: Die Völkischen in Deutschland, Darmstadt: WBG, S. 7.
[55] Diederich Hahn war ein konservativer Reichstagsabgeordneter, welcher Kontakte in die höchste politische Ebene pflegte, so z.B. zu Bismark. Max Liebermann von Sonnenberg war ebenfalls Reichstagsabgeordneter und vertrat im Gegensatz zu den Reformern den konservativen Flügel der Antisemitismusbewegung.

wurde in der Elbstadt der *Deutsche Reformverein* gegründet. Für den Dresdner Historiker Clemens Vollnhals ist es daher „kein Zufall“[56], dass bereits 1882 der erste internationale *Antijüdische Kongress* in Dresden getagt hatte. Der zweite Kongress fand 1883 in Chemnitz statt und wurde vom dortigen Vorsitzenden des *Reformvereins*, Ernst Schmeitzner, organisiert. Sein Verlag bildete eine weitere wichtige Säule für den Antisemitismus. Damit war das völkische Gedankengut in den drei größten sächsischen Städten institutionell verankert. Dementsprechend konnte sich Sachsen zu einem Zentrum des parteipolitischen Antisemitismus entwickeln. 1893 zogen die *Deutsche Reformpartei* mit elf Abgeordneten und die *Deutschsoziale Partei* mit vier Abgeordneten in den Reichstag ein. Nach der Fraktionsbildung beider Parteien schlossen sie sich 1894 zur *Deutschsozialen Reformpartei* zusammen. Von den elf Reformern im Reichstag entstammten sechs einem sächsischen Stimmbezirk, damit vertraten mehr als ein Drittel der Politiker der antisemitischen Reichstagsfraktion das Königeich Sachsen. Der parteipolitische Antisemitismus hatte „seinen Höhepunkt“[57] erreicht. Zwar profitierten die Reformer, ähnlich wie die Sozialdemokraten, nicht vom Mehrheitswahlrecht. Bei den sächsischen Landtagswahlen 1895 erreichte die antisemitische Partei 11,3 Prozent, errang aber keinen einzigen Sitz im Parlament. Trotzdem belegen die Wahlergebnisse eine relative Akzeptanz radikaler antisemitischer Politikinhalte. Welche kognitiven Grundvorrausetzungen schufen die Grundlage für diese antisemitischen Erfolge in Sachsen? Der kanadische Historiker James Retallack, welcher als „einer der besten Kenner der politischen Kultur Sachsens“[58] gilt, nähert sich in seinen Untersuchungen genau dieser Frage an. Retallack fokussiert und analysiert dabei das „Beziehungsnetz, in das sich die deutschen Konservativen und Antisemiten auf Grund ihrer gemeinsamen Ziele und Aktionen gegen Juden verstrickt hatten“[59]. Demnach haben sächsische Konservative die antisemitische Stimmung während der Wirtschaftsrezension instrumentalisiert und das Verhalten „antisemitischer, nationalistischer und imperialistischer Gesinnungsgemeinschaften [...] kopiert“[60]. Dabei entstandene Kooperationsformen mit antisemitischen Parteien und Organisationen blieben teilweise bestehen. Über die Folgen dieser Verflechtung argumentiert

---

[56] Vollnhals, Clemens, 2002: Der gespaltene Freistaat: Der Aufstieg der NSDAP in Sachsen, in: Derselbe (Hrsg.): Sachsen in der NS-Zeit, Leipzig: Gustav Kiepenheuer Verlag GmbH, S. 10.
[57] Höppner, Solveig, 2004: Politische Reaktionen auf die Einwanderung ausländischer Juden nach Sachsen zwischen 1871 und 1925 auf kommunaler und staatlicher Ebene, in: Ephraim Carlebach Stiftung; Sächsische Landeszentrale für politische Bildung (Hrsg.): Antisemitismus in Sachsen, Dresden: Grafia Druck Radeberg GmbH S. 125.
[58] Vollnhals, Clemens, 2002: Der gespaltene Freistaat: Der Aufstieg der NSDAP in Sachsen, in: Derselbe (Hrsg.): Sachsen in der NS-Zeit, Leipzig: Gustav Kiepenheuer Verlag GmbH, S. 11.
[59] Retallack, James, 2000: Herrenmenschen und Demagogentum. Konservative und Antisemiten in Sachsen und Baden, in: Derselbe (Hrsg.): Sachsen in Deutschland. Politik, Kultur und Gesellschaft 1830 – 1918, Dresden: Lausitzer Druck- und Verlagshaus, S. 141.
[60] Ebenda.

Retallack, dass „die Trennlinie zwischen Konservatismus und Antisemitismus für eine Zeitlang so undeutlich wurde, dass sie zumindest in dem dritt- und fünftgrößten deutschen Bundesstaat – dem Königreich Sachsen und dem Großherzogtum Baden – zu existieren aufhörte“[61]. Die politische Vorherrschaft der Konservativen stützte sich folglich auf die Integration antisemtischen Protestwählerpotentials. Nationalistische Massenorganisationen spielten hierbei eine wichtige Transmitterrolle, wie eine Untersuchung von Gerald Kolditz über den *Alldeutschen Verband* (ADV) in Dresden belegt. Der ADV mit seinem elitären Bewusstsein vereinte nationalliberale, konservative und völkische Positionen, antisemitische Propaganda war hier mehr als nur hoffähig. Kolditz setzt den Anteil der Professoren, Lehrer und Beamten in der Dresdner Orstgruppe bei ungefähr 50% an, den Rest bildeten Unternehmer, Rechtsanwälte und Ärzte: „Frühzeitig war der ADV in Dresden bestrebt, wichtige Positionen im öffentlichen Leben [...] zu gewinnen.“[62] In der Landeshauptstadt waren etwa der *Odolkönig* Karl August Lingner und der nachmalige Reichskanzler Gustav Stresemann Mitglieder des ADV. Um 1905 gehörten etwa die Hälfte der Dresdner Stadträte diesem Verband an, dazu noch eine Reihe von Reichstags- und Landtagsabgeordneten.[63] Für den Historiker Ulrich Thamer war der ADV der „mächtigste nationalistische und antisemitische Agitationsverband“[64]. Seine überdurchschnittliche Stärke in Sachsen, ist ein wichtiger Punkt für eine Analyse des politischen Raums. Der ADV ist dabei längst nicht das einzige Beispiel für die Unterwanderung der Monarchie, speziell des Königreichs Sachsen, mit völkischen Positionen. Was Thamer für das Reich konstatiert, ist im stärkeren Maße auch auf Sachsen zutreffend: „Das Vordringen antisemitischer Einstellungen lässt sich vor allem an der Einführung des Arierparagraphen in den Satzungen zahlreicher Vereine und Verbände – von den Soldatenverbänden über den mitgliederstarken *Deutschnationalen Handlungsgehilfenverband* und *Reichslandbund* bis hin zu Judenbünden und Studentenschaften – ablesen.“[65] Die Propagierung völkischer Gesinnung war hoffähig, der vorpolitische Raum für die nationalsozialistischen Verschwörungstheorien damit äußerst günstig.

---

[61] Ebenda, S. 116.
[62] Kolditz, Gerald, 1997: Der Alldeutsche Verband in Dresden. Antitschechische Aktivitäten zwischen 1895 und 1914, in: Aurig, Rainer; Herzog, Steffen; Lässig, Simone (Hrsg.): Landesgeschichte in Sachsen. Tradition und Innovation, Bielefeld: Verlag für Regionalgeschichte, S. 237.
[63] Ebenda.
[64] Thamer, Ulrich, 2002: Der Nationalsozialismus, Stuttgart: Reclam, S. 26.
[65] Ebenda, S. 29.

Während die Arbeiterbewegung intensiv und vor allem früh erforscht wurde, spielt die völkische Ideengeschichte Sachsens erst in der jüngeren Literatur eine Rolle. Dabei ist es für eine Analyse der regionalen Machtergreifung nicht ohne Bedeutung, dass Sachsens radikale Rechte Traditionen und Kontinuitäten nachzuweisen hat. Die ausgesprochene Stärke der sozialdemokratischen wie der antisemitischen Bewegung ist ein klares Charakteristikum der politischen Kultur Sachsens zwischen 1871 und 1918. Das war die politische Ausgangssituation für das neue republikanische und demokratische System in Sachsen: „Es war das nationalistisch-völkische Milieu vor Ort, das nach Kriegsniederlage und Revolution die NS-Aktivisten der ersten Stunde hervorbrachte.“[66]

2. Die NSADP in der Weimarer Republik

2.1 Die NSDASP vor 1923

Nach dem Ersten Weltkrieg löste der *Deutschvölkische Schutz- und Trutzbund* (DSTB) den ADV als größten und einflussreichsten antisemitischen Verband ab.[67] Allein in Dresden waren nach Forschungen von Stefan Breuer mehr als 1000 Mitglieder organisiert, womit die sächsische Landeshauptstadt zu den Hochburgen des DSTBs gehörte.[68] Die Gesinnung des Bundes war deutlich radikaler als die des ADV, der politische Antisemitismus war mit einem biologischen und sozialdarwinistisch orientierten Rassismus verschmolzen. Der rechtsextreme Verband adaptierte die Kontakte und Seilschaften des ADVs, die besonders in Sachsen weit in die Gesellschaft hineinragten. Dadurch war der Bund hier bald schon am „aktivsten und verbreitetsten“[69]. Es waren aber nicht nur diese Netzwerke, die den *Deutschvölkischen Schutz- und Trutzbund* für die Geschichtsschreibung so bedeutend machen. Die Gesinnungsgemeinschaft engagierte sich auch in neuen Projekten, so entstammten nicht wenige NS-Funktionäre dem Bund, welcher damit zu einer „Keimzelle der NS-Bewegung“[70] wurde. Als sich die *Deutsche Arbeiterpartei* (DAP) im Januar 1919 konstituierte, wurde diese Parteienneugründung noch vom ADV-Spitzenfunktionär Paul Tafel angeregt. Infolge dessen

[66] Vollnhals, Clemens, 2002: Der gespaltene Freistaat: Der Aufstieg der NSDAP in Sachsen, in: Derselbe (Hrsg.): Sachsen in der NS-Zeit, Leipzig: Gustav Kiepenheuer Verlag GmbH, S. 12.
[67] Vgl.: Thamer, Ulrich, 2002: Der Nationalsozialismus, Stuttgart: Reclam, S. 26.
[68] Vgl.: Breuer, Stefan, 2008: Die Völkischen in Deutschland, Darmstadt: WBG, S. 152.
[69] Wagner, Andreas, 2004: Machtergreifung in Sachsen, Köln: Böhlau Verlag, S. 32.
[70] Vollnhals, Clemens, 2002: Der gespaltene Freistaat: Der Aufstieg der NSDAP in Sachsen, in: Derselbe (Hrsg.): Sachsen in der NS-Zeit, Leipzig: Gustav Kiepenheuer Verlag GmbH, S. 9.

entwickelte sich Bayern und hier ganz speziell München zu einem „Sammelpunkt deutschnationaler sowie völkisch-nationalsozialistischer Gruppen“[71]. Die DAP, die im März 1920 dem alten Parteinamen das Attribut *nationalsozialistisch* voran stellte, blieb zunächst eine auf Bayern begrenzte völkische Splitterpartei. In dieser Kleinstpartei machte sich der begnadete Redner Adolf Hitler immer unentbehrlicher. Im Juni 1921 übernahm er dann schließlich den Parteivorsitz, unter seiner Führung erlebte die junge Partei ihren ersten Frühling. Auf die antisemitischen Organisationen übte Hitler „die bei weitem nachhaltigste Anziehungskraft“[72] aus, der eloquente Österreicher wusste den Antisemitismus als „Integrationsideologie“[73] zu instrumentalisieren. Dazu mobilisierte er die stark verwurzelten antisemitischen Ressentiments und politisierte sie zu Gunsten der nationalsozialistischen Partei. So verwundert es angesichts der langen im vorhergehenden Kapitel untersuchten antisemitischen Tradition wenig, dass sich ausgerechnet in Sachsen die erste NSDAP-Ortsgruppe außerhalb von Bayern gründete.[74] Die Ausgangslage der sächsischen NSDAP war keinesfalls so „grundverschieden“[75] von der in Bayern, wie es Andreas Wagner in seiner Dissertation konstatiert hat. Auch hier stieß die NS-Bewegung in einen antisemitisch politisierten Raum, das Klima konnte günstiger nicht sein. Der gravierendste Unterschied bestand indes darin, dass die Nationalsozialisten in den einflussreichen Ebenen wie Reichswehr und Ministerialbürokratie marginalisiert blieben und dass diese Stellen nur selten mit der NSDAP sympathisierten. Im linksgeprägten sächsischen Establishment der Nachkriegsjahre hatten die lokalen Parteigliederungen weitaus weniger Sympathisanten und Unterstützer. Das Personal- und Wählerpotential war aber, wenn nicht sogar in noch stärkerem Maße, wie in Bayern gegeben.

Der Zwickauer NSDAP-Ortsgruppenführer war der Schlosser Fritz Tittmann welcher sich zuvor als Geschäftsführer und Schriftleiter beim *Deutschvölkischen Schutz- und Trutzbund* engagiert hatte.[76] Der damals 23jährige übernahm zudem das Amt des NSDAP-Gauleiters in Sachsen. Die ersten Strukturen waren damit schon im Oktober 1921 installiert. 1922 breitete sich die Partei im Südwesten Sachsens aus. Bedingt durch die Nähe zu Bayern, konnten sie

[71] Grevelhörster, Ludger, 2003: Kleine Geschichte der Weimarer Republik. Ein problemgeschichtlicher Überblick, Münster: Aschendorff Verlag, S. 92.
[72] Herbst, Ludolf, 1996: Das nationalsozialistische Deutschland, Frankfurt am Main: Suhrkamp, S. 54.
[73] Ebenda.
[74] Vgl.: Vollnhals, Clemens, 2002: Der gespaltene Freistaat: Der Aufstieg der NSDAP in Sachsen, in: Derselbe (Hrsg.): Sachsen in der NS-Zeit, Leipzig: Gustav Kiepenheuer Verlag GmbH, S. 9.
[75] Wagner, Andreas, 2004: Machtergreifung in Sachsen, Köln: Böhlau Verlag, S. 31.
[76] Vgl.: Lohalm, Uwe, 1970: Völkischer Radikalismus. Die Geschichte des Deutschvölkischen Schutz- und Trutz-Bundes 1919 – 1923, Hamburg: Leibniz-Verlag, S. 316.

dabei auf die personellen und materiellen Ressourcen des „völkischen Mekka“[77] zurückgreifen. Es gründeten sich insgesamt sechs Ortsgruppen in den Kommunen Chemnitz, Markneukirchen, Plauen und Colditz. Mit einer Gruppe in Leipzig stieß die NSDAP weit in den sächsischen Norden, während sie sich in östliche Richtung nur mit der Ortsgruppe Freiberg voran arbeitete. Auffallend war der scharfe und kompromisslose Antisemitismus, der besonders bei den jüngeren Jahrgängen der großen Wehrverbände breite Zustimmung fand. Aus diesem Milieu warb die NSDAP einen Großteil ihrer Neumitglieder. Daneben war die Partei aber auch für Angehörige des Mittelstands attraktiv. Ein Drittel der Mitglieder entstammte sogar der Arbeiterklasse. Jung und männlich sind passende Adjektive für eine knappe aber prägnante Charakterisierung des NSDAP-Sozialprofils. Vollnhals verweist in diesem Zusammenhang treffend auf einen Generationskonflikt: „Der hohe Anteil Jugendlicher, die den Ersten Weltkrieg nicht mehr als Soldat selbst erlebt hatten, verweist auf die hochgeputschten Emotionen und die tiefe Erbitterung, mit der man in vielen nationalgesinnten Elternhäusern der Weimarer Republik gegenüberstand. Während die Älteren zu Hause oder am Stammtisch räsonierten und dem untergegangenen Glanz des Kaiserreichs nachtrauerten, drängte es die Jugend zur Tat.“[78] Die antisemitischen Hetzer der Partei sprachen unerschrocken aus, „was in völkischen Kreisen viele dachten“[79]. Die NSDAP-Redner brauchten die jungen Männer nur noch da abzuholen, wo sie sich geistig schon längst eingefunden hatten. Auch die „veraltete Wirtschaftsstruktur“[80] bot den Nationalsozialisten ideale Agitations- und Mobilisierungsmöglichkeiten. Zum einen war die neue geographische Lage nach dem Krieg ungünstig, der Londoner Historiker Szejnmann verweist auf die Bezeichnung „Wetterwinkel der Konjunktur“[81] für Sachsen und bezieht sich damit auf die ökonomischen Interdependenzen. Zum anderen starben insbesondere im Südwesten des Landes große Industriezweige ab. Exemplarisch sei hier auf die Rolle der Textilindustrie hingewiesen.[82] Trotzdem war die NSDAP zu diesem Zeitpunkt nicht mehr als „eine von vielen rechtsradikalen Splittergruppen, die in schneller Abfolge gegründet wurden und sich häufig auch wieder auflösten und verschwanden“[83]. Regional betrachtet war die Partei

[77] Ebenda, S. 285.
[78] Vollnhals, Clemens, 2002: Der gespaltene Freistaat: Der Aufstieg der NSDAP in Sachsen, in: Derselbe (Hrsg.): Sachsen in der NS-Zeit, Leipzig: Gustav Kiepenheuer Verlag GmbH, S. 12.
[79] Ebenda, S. 10.
[80] Szejnmann, Claus-Christian, 2000: Vom Traum zum Alptraum. Sachsen in der Weimarer Republik, Dresden: Sächsische Landeszentrale für politische Bildung, S. 26.
[81] Ebenda, S. 27.
[82] Einen guten Überblick über die wirtschaftlichen Abhängigkeiten Sachsens nach dem Ersten Weltkrieg bietet: Szejnmann, Claus-Christian, 2000: Vom Traum zum Alptraum. Sachsen in der Weimarer Republik, Dresden: Sächsische Landeszentrale für politische Bildung, S. 25 – 29.
[83] Wagner, Andreas, 2004: Machtergreifung in Sachsen, Köln: Böhlau Verlag, S. 34.

unterschiedlich aufgestellt. Während sie zu Veranstaltungen in Leipzig, Plauen oder Zwickau teilweise schon 250 Personen mobilisieren konnte, waren in der Münchener Parteizentrale gerade mal 15 Mitglieder aus Dresden registriert. Noch nicht einmal eine Ortsgruppe besaß die sächsische Landeshauptstadt zu diesem Zeitpunkt.[84]

2.2. Das Entscheidungsjahr 1923

Die Früchte der scharfen antisemitischen Rhetorik konnten schon bald geerntet werden. Das 1922 installierte „Netz von Einzelmitgliedern"[85] arbeitete effektiv und die sich ständig verschlechternde sozioökonomische Situation trug zur Radikalisierung weiter bürgerlicher Kreise bei. Folglich gewann die Partei im darauf folgenden Jahr an Bedeutung. Die Mitgliedszahlen stiegen reichsweit von 15 000 auf 55 000 an. Der Parteigeschichte stand ein erster Höhepunkt bevor. Zwar blieb die Masse dieses Aufschwungs „auf Bayern konzentriert"[86], doch auch in Sachsen drängte die Partei immer dichter ins Vogtland und immer schneller in Richtung Ostsachsen, dem „Schmerzenskind der sächsischen Bewegung"[87]. Mit den Ortsgruppengründungen in Dresden und Meißen konnte die NSDAP wichtige Strukturen in Mittelsachsen manifestieren. Von hier aus gelangen der Partei weitere Organisierungsprozesse, mit Stützpunkten in Schandau, Gottleuba und Hohenstein-Ernstthal implementierte sich die NSDAP schon früh in die Sächsische Schweiz. Die Schwerpunkte lagen aber weiterhin im Vogtland und im Westerzgebirge. Hier gewann die Partei mit Stützpunktgründungen in Adorf, Falkenstein, Eibenstock, Schneeberg, Schwarzenberg, Niederschlema, Neumark, Zwönitz, Wilkau und Lößnitz zunehmend an Gewicht. Durch ihre besondere rhetorische Radikalität und ihre starke Jugendmobilisierung hob sich die NS-Partei schon bald von anderen Splitterparteien des völkischen Spektrums ab. Der Rechtswissenschaftler Mathias Grünthaler schreibt dazu in seiner Dissertation: „Jedenfalls erweckte die NSDAP mehr Aufmerksamkeit, als ihr nach ihrer zahlenmäßigen Bedeutung eigentlich zukam."[88] Auch der Historiker Michael Klein, der sich intensiv mit der zeitgenössischen Berichterstattung im Krisenjahr 1923 auseinandersetzte, bescheinigt der Hitlerpartei in seiner Arbeit die „größte Aufmerksamkeit unter den Einzelorganisationen in

[84] Vgl.: Ebenda, S. 35.
[85] Ebenda, S. 36.
[86] Thamer, Ulrich, 2002: Der Nationalsozialismus, Stuttgart: Reclam, S. 39.
[87] Szejnmann, Claus-Christian, 2000: Vom Traum zum Alptraum. Sachsen in der Weimarer Republik, Dresden: Sächsische Landeszentrale für politische Bildung, S. 106.
[88] Grünthaler, Mathias, 1995: Parteiverbote in der Weimarer Republik, Frankfurt am Main: Peter Lang, S. 201.

der breiten Öffentlichkeit“[89]. Aufgrund dieser medialen Präsenz wurde die Partei schon früh von staatlichen Stellen beobachtet. Das nach der Ermordung des Reichsaußenministers Walter Rathenau durch die rechtsradikale Terrorgruppe *Operation Konsul* einsetzende politische Erdbeben, nutzten insbesondere regierende SPD-Koalitionsregierungen um die NS-Organisationen aufzulösen. Noch im Juli kam es in Baden und Thüringen zu Verboten: „Dieser ersten Verbotswelle schlossen sich bis Mitte 1923 nahezu alle deutschen Länder an, mit Ausnahme Württembergs und Bayerns.“[90] Nachdem Sachsen die Partei bereits im Dezember 1922 mit einem Versammlungsverbot belegt hatte, waren mit der Ernennung Erich Zeigners zum Ministerpräsidenten die vorerst letzten Stunden der sächsischen NSDAP gezählt. Drei Tage nach seiner Vereidigung folgte das „förmliche Parteiverbot“[91], welche eine auf „wenige Ortschaften begrenzte Gruppierung Westsachsens“[92] traf. In der Folgezeit intensivierten sich die Kontakte mit den Gliederungen in Franken. Der „kleine Grenzverkehr“[93] zwischen den Nationalsozialisten in der Region Sachsen, Thüringen und Bayern blühte auf, zumal die NSDAP in Bayern über ihre stärksten Strukturen verfügte und legal agieren durfte. Durchführung und Vollzug dieses Parteienverbots wird von der Literatur indes als „äußerst schleppend und nachlässig“[94] charakterisiert. Die NSDAP ging nicht in den Untergrund, vielmehr versuchte sie das Verbot durch konspirative Treffen und Neugründungen zu umgehen: „Die Leipziger Ortsgruppe hielt zahlreiche Versammlungen unter dem Decknamen *Deutsche Arbeitsgemeinschaft* ab. Versammlungen wurden als *Sprechabende* bezeichnet und in wechselnden Lokalitäten abgehalten [...]. Die Zwickauer Ortsgruppe tarnte ihre Aktivitäten als Treffen der *Lesergemeinschaft der Deutschen Zeitung*.“[95] Die staatlichen Stellen gingen unterschiedlich mit dieser Strategie um. Während die Leipziger Polizei engagiert die Partei observierte und gegen konspirative Treffen entschlossen vorging, tat sich die Exekutive in Zwickau deutlich schwerer im Umgang mit den verbotenen NSDAP-Strukturen. Weil die Mitglieder vieler Ortsgruppen der Kreishauptmannschaft Zwickau jetzt in der Münchner Parteizentrale registriert wurden, „zog man die interessante Schlussfolgerung, dass auch in Sachsen beheimatete Nationalsozialisten

[89] Klein, Michael, 1995: Die Herbstkrise 1923 zwischen dem Reich, Bayern und Sachsen im Spiegel zeitgenössischer deutscher Zeitungen, Frankfurt am Main: Peter Lang, S. 83.
[90] Grünthaler, Mathias, 1995: Parteiverbote in der Weimarer Republik, Frankfurt am Main: Peter Lang, S. 202.
[91] Vollnhals, Clemens, 2002: Der gespaltene Freistaat: Der Aufstieg der NSDAP in Sachsen, in: Derselbe (Hrsg.): Sachsen in der NS-Zeit, Leipzig: Gustav Kiepenheuer Verlag GmbH, S. 13.
[92] Wagner, Andreas, 2004: Machtergreifung in Sachsen, Köln: Böhlau Verlag, S. 37.
[93] Ebenda, S. 35.
[94] Grünthaler, Mathias, 1995: Parteiverbote in der Weimarer Republik, Frankfurt am Main: Peter Lang, S. 204.
[95] Wagner, Andreas, 2004: Machtergreifung in Sachsen, Köln: Böhlau Verlag, S. 36.

insoweit nicht an einer verbotenen Vereinigung teilnahmen.“[96] Im Südwesten Sachsens war die Partei zu diesem Zeitpunkt bereits ein Machtfaktor, der nicht nur Feinde besaß. Es ist daher nicht unglaubwürdig, wenn die NSDAP später sogar davon berichtet, dass sie Sympathien bei einigen staatlichen Stellen genoss: „The police showed a lot of sympathy for the völkisch movement. They arranged house-searches in a way that it was possible to get documents and membership cards into a safe place beforehand."[97] Andererseits blieb auch die Leipziger NSDAP trotz der deutlich restriktiveren Maßnahmen aktiv. Der permanente Verfolgungsdruck und die geheimen Strukturen schienen vor allem die jungen Männer eher anzuziehen als abzuschrecken. Wagner kommt daher sogar zu dem Schluss, dass das Verbot die Partei „in vielerlei Hinsicht geeint und gefestigt“[98] hat. Immerhin waren ganze 150 sächsische Nationalsozialisten in die Vorbereitungen zum Hitlerputsch involviert: „The plan for the remaining stormtroopers was to wait at home or at local meeting places for the orders to travel to Hof, and then go forward together to assist Hitler in Munich.“[99] Nur das schnelle Scheitern des Aufstands verhinderte, dass sich sächsische NS-Gliederungen am Putsch beteiligen konnten. Die danach einsetzenden Verbotsmaßnahmen, insbesondere die Verhaftung Hitlers, trafen die Partei in ihrer Substanz. Diesmal gab es keine „verbotsfreien Inseln“[100]. Auch und besonders in Bayern gingen die staatlichen Stellen jetzt konsequent gegen die Aufrührer vor. „Rechtliche und akademische Fragen“[101] oder Diskussionen unterblieben, das Verbot wurde von einem breiten Elitenkonsens getragen. Die einzigen nennenswerten Proteste gab es von Seiten der Münchner, Ulmer und Bamberger Studentenschaft.

2.3. Die NSDAP nach 1923

Nach 1923 zerfiel die NS-Partei zunächst „into many different groups and organisations which often overlapped, but also competed against each other“[102]. Für die Reichstagswahlen im Mai 1924 gingen die Nationalsozialisten ein Wahlbündnis mit der *Deutschvölkischen*

---

[96] Grünthaler, Mathias, 1995: Parteiverbote in der Weimarer Republik, Frankfurt am Main: Peter Lang, S. 209.
[97] Szejnmann, Claus-Christian, 1999: Nazism in central germany. The brownshirts in "red" saxony, Oxford: Berghahn Books, S. 27.
[98] Wagner, Andreas, 2004: Machtergreifung in Sachsen, Köln: Böhlau Verlag, S. 39.
[99] Szejnmann, Claus-Christian, 1999: Nazism in central germany. The brownshirts in "red" saxony, Oxford: Berghahn Books, S. 29.
[100] Grünthaler, Mathias, 1995: Parteiverbote in der Weimarer Republik, Frankfurt am Main: Peter Lang, S. 210.
[101] Ebenda, S. 212.
[102] Szejnmann, Claus-Christian, 1999: Nazism in central germany. The brownshirts in "red" saxony, Oxford: Berghahn Books, S. 30.

Freiheitspartei (DVFP) ein. Vor dem Hintergrund der ökonomischen und politischen Krise 1923/24 konnte die Allianz auf Anhieb beträchtliche 6,5 Prozent der Wähler mobilisieren. Bezeichnend sind die Ergebnisse der sächsischen Wahlkreise. Während Leipzig und Chemnitz-Zwickau mit 7,9 bzw. 7,7 Prozent überdurchschnittlich völkisch wählten, waren es im ostsächsischen Wahlkreis Dresden-Bautzen gerade mal 4,5 Prozent. Erstaunlich aber vor allem das bemerkenswerte Einzelergebnis in Plauen, dort erreichte die Allianz mit 19 Prozent fast jeden fünften Wähler.[103] Bereits an diesen Zahlen ließ sich die regional ganz unterschiedliche gesellschaftliche Verankerung nationalsozialistischer Ideen ablesen. Unter den gewählten 32 Abgeordneten waren neun Nationalsozialisten, darunter Fritz Tittmann. Die mediale Aufmerksamkeit, die der Hitlerputsch in der Öffentlichkeit erfuhr sowie die „Radikalisierung der Mitte“[104] durch Weltwirtschaftskrise, Hyperinflation und Ruhrbesetzung waren wohl die ausschlaggebenden Punkte für den reichsweiten Wahlerfolg. Die große Heterogenität der rechtsextremen Reichtagsfraktion musste aber zu Konflikten führen. Das völkische Lager zerstritt sich 1924 zusehends und war ausschließlich mit sich selbst beschäftigt.[105] Schon das Wahlergebnis der Reichstagswahl vom Dezember 1924 spiegelte die wirkliche Situation der völkischen Bewegung in Deutschland wider. Eine neue Allianz, die *Nationalsozialistische Freiheitsbewegung*, erreichte nur noch 3 Prozent der Wähler und damit 14 Mandate im Reichstag. Legt man den Fokus dabei auf Sachsen, lässt sich festhalten, dass sich die Wählerschaft in Chemnitz-Zwickau mit 4 Prozent fast halbierte und in Leipzig und Dresden-Bautzen mit 2,0 bzw. 1,5 Prozent völlig wegbrach. In Plauen erreichte das Bündnis mit 13,2 Prozent wieder einen Spitzenwert. Der Südwesten Sachsens war aber nicht nur rechte Hochburg, auch die KPD erzielte hier Spitzenergebnisse. Der bezeichnende angelsächsische Slogan „There are only Communists and German Nationalists in the Vogtland“[106] besaß durchaus eine pikante Gültigkeit. Schon 1924 kam es hier zu zahlreichen Übergriffen und gewalttätigen Auseinandersetzungen zwischen linken und rechten Fundamentalisten. Ende des Jahres stabilisierte sich die Wirtschaft wieder und das politische System der Weimarer Republik fand zu einer verhaltenen Konsolidierung. Durch diese Beruhigung und angesichts des Ausgangs der Reichstagswahlen schien die Hitler-Bewegung für viele Beobachter vor dem Ende zu stehen. Doch nach Hitlers Haftentlassung wurden die installierten Strukturen

[103] Vollnhals, Clemens, 2002: Der gespaltene Freistaat: Der Aufstieg der NSDAP in Sachsen, in: Derselbe (Hrsg.): Sachsen in der NS-Zeit, Leipzig: Gustav Kiepenheuer Verlag GmbH, S. 14.

[104] Szejnmann, Claus-Christian, 2000: Vom Traum zum Alptraum. Sachsen in der Weimarer Republik, Dresden: Sächsische Landeszentrale für politische Bildung, S. 54.

[105] Einen genauen Überblick über die parlamentarischen und politischen Tätigkeiten der Fraktionsgemeinschaft bietet: Döring, Martin, 2001: „Parlamentarischer Arm der Bewegung“, Düsseldorf: Droste Verlag, S. 66 – 78.

[106] Szejnmann, Claus-Christian, 1999: Nazism in central germany. The brownshirts in “red” saxony, Oxford: Berghahn Books, S. 28.

sichtbar. Der Plauener Spitzenfabrikant Martin Mutschmann hatte die Führung des *Völkisch Sozialen Blocks* (VSB) übernommen, „der wichtigsten Nachfolgeorganisation der NSDAP“[107]. Damit war das organisatorische Zentrum der sächsischen NS-Bewegung endgültig von Zwickau nach Plauen verlegt worden. Motive für diese Schwerpunktverlagerung könnten die besseren Wahlergebnisse in Plauen sein, die finanzielle Unterstützung Mutschmanns und sein enger Kontakt zu Hitler, den er mehrmals auf der Festung Landsberg besucht hatte. Insgesamt aber bleiben die Gründe, die zum Ortswechsel geführt haben, für die Geschichtswissenschaft noch heute „im Bereich der Spekulationen“[108]. Nach der Wiedergründung der sächsischen NSDAP im Februar 1925 konnten die Strukturen des VSB sowie der *Nationalsozialistischen Freiheitsbewegung* problemlos in die neue Partei überführt und integriert werden. Seit 1923 wirkte in Plauen auch Kurt Grubers *Großdeutsche Jugend*, eine Vorläuferorganisation der *Hitlerjugend* (HJ). Ebenso war die Redaktion der *Völkischen Nachrichten*, später offizielles Parteiblatt, in Plauen ansässig.[109] Aufgrund der konstatierten Kräftekonzentrierung und der geschaffenen Strukturen ist es nicht allzu überraschend, dass der von den Nationalsozialisten protegierte Erich Ludendorff bei den Reichspräsidentenwahlen 1925 im Wahlkreis Chemnitz-Zwickau das reichsweit viertbeste Ergebnis verbuchen konnte. In der Folge intensivierte die NSDAP-Führung ihre Bemühungen in Sachsen, das Land wurde eines der wichtigsten Agitationsfelder der rechten Propaganda. Während der als *Hochverräter* verurteilte Hitler in zahlreichen Ländern, darunter Bayern und Preußen, Redeverbot hatte, konnte er in Sachsen legal agieren. Zwar predigte er bei seinen zahlreichen Auftritten 1925 und 1926 auch hier das „Evangelium der NS-Bewegung“[110], jedoch trat er unter dem Eindruck eines drohenden Redeverbots vergleichsweise moderat auf. Andere NS-Funktionäre, wie z.B. der thüringische Gauleiter Arthur Dinter in Chemnitz, der Nürnberger Stadtrat Karl Holz in Plauen oder der Reichstagsabgeordnete Gottfried Feder in Zwickau, legten ihrem vulgären Antisemitismus dagegen „keine Zügel an“[111]. Die Integrationskraft dieser Hassidee verfehlte ihre Wirkung nicht, tatsächlich gelang es der NSDAP einige rechte Splittergruppen wieder „zu einer Bewegung zusammenzuschweißen“[112]. Abermals brauchte die Partei ihre Anhänger nur dort abzuholen,

[107] Wagner, Andreas, 2004: Machtergreifung in Sachsen, Köln: Böhlau Verlag, S. 43.
[108] Ebenda.
[109] Vgl.: Vollnhals, Clemens, 2002: Der gespaltene Freistaat: Der Aufstieg der NSDAP in Sachsen, in: Derselbe (Hrsg.): Sachsen in der NS-Zeit, Leipzig: Gustav Kiepenheuer Verlag GmbH, S. 15.
[110] Ebenda, S. 16.
[111] Herbst, Ludolf, 1996: Das nationalsozialistische Deutschland, Frankfurt am Main: Suhrkamp, S. 57.
[112] Ebenda, S. 56.

wo sie sich geistig bereits befanden, sie profitierte von der „ideologischen Vorarbeit“[113] antisemitischer Organisationen. Anfang 1926 erlebte die NSDAP schließlich ihre Renaissance. Die Propaganda verfing dabei vor allem bei jungen Männern. Die Frontbann-Ortsgruppen Plauen und Chemnitz traten „nahezu geschlossen“[114] zur SA und zur NSDAP über. Mehr als 3 000 Mitglieder zählten die sächsischen NSDAP-Verbände nun, reichsweit waren es 27 000. Im Juli 1926 mussten die Parteigaue schließlich neu organisiert werden. Die Gaue Vogtland, Zwickau und Chemnitz wurden dazu in den Gau Sachsen zusammengefasst, der bald schon der „NSDAP-Gau mit den meisten Mitgliedern“[115] werden sollte: „The importance of the period between 1925 and 1928 was the slow transformation of the NSDAP into a more efficient and centralised organisation which was greated towards seizing power through electoral means.“[116]

2.4. Der Landtagseinzug

Nach Hitlers Haftentlassung und seinem klar formulierten „Alleinvertretungsanspruch für das völkische Lager“[117] lag es nun an ihm, einen innerparteilichen Paradigmenwechsel durchzusetzen. Die Partei sollte nicht länger nur eine außerparlamentarische Kampfgemeinschaft gegen die Republik darstellen, sie sollte nun den „parlamentarischen Arm der Bewegung“[118] bilden, ein Instrument, mit dem ganz legal die Macht über Wahlen gewonnen werden sollte. Insbesondere die norddeutschen Verbände waren zunächst schwer von dieser Parlamentarisierung nationalsozialistischen Wirkens zu überzeugen. In Sachsen, wo Hitler mit seinem treuen Paladin Mutschmann immer auf Gefolgschaft vertrauen konnte, keimte dagegen kein spürbarer Widerstand gegen das Projekt, die „parlamentarische Betätigung neben vielen anderen Waffen als Kampfmittel zu benutzen“[119]. Dafür mussten weit gefächerte und straffe Organisationsstrukturen geschaffen werden, die es den Nationalsozialisten ermöglichen sollten, stabile Stammwählerschaften zu formieren. Ab 1926

---

[113] Szejnmann, Claus-Christian, 2000: Vom Traum zum Alptraum. Sachsen in der Weimarer Republik, Dresden: Sächsische Landeszentrale für politische Bildung, S. 106.
[114] Vollnhals, Clemens, 2002: Der gespaltene Freistaat: Der Aufstieg der NSDAP in Sachsen, in: Derselbe (Hrsg.): Sachsen in der NS-Zeit, Leipzig: Gustav Kiepenheuer Verlag GmbH, S. 19.
[115] Szejnmann, Claus-Christian, 2000: Vom Traum zum Alptraum. Sachsen in der Weimarer Republik, Dresden: Sächsische Landeszentrale für politische Bildung, S. 105.
[116] Szejnmann, Claus-Christian, 1999: Nazism in central germany. The brownshirts in “red” saxony, Oxford: Berghahn Books, S. 30.
[117] Döring, Martin, 2001: „Parlamentarischer Arm der Bewegung“, Düsseldorf: Droste Verlag, S. 57.
[118] Ebenda, S. 16.
[119] Ebenda, S. 59.

wurde diese „Legalitätstaktik“[120] in Sachsen musterhaft umgesetzt, ein „erster Gründungsschub“[121] lässt sich herausschälen: „Zwei sächsische Initiativen sollten dabei nationale Bedeutung erlangen.“[122] Das war zum einen die von Kurt Gruber geschaffene nationalistische Jugendorganisation, die 1926 zur HJ avancierte und allein im Vogtland schon auf 600 Mitglieder kam.[123] Zum anderen breitete sich von den Universitätsstädten München und Leipzig ausgehend, der im Februar 1926 gegründete *Nationalsozialistische Deutsche Studentenbund* (NSDStB) flächendeckend und rasant aus. Die Gründer dieser Organisation waren der aus Plauen stammende Wilhelm Tempel und der aus Werdau bei Zwickau stammende Helmut Podlich. Da Tempel zunächst in Leipzig Jura studiert hatte und erst im Wintersemester 1925/26 nach München übergesiedelt war, verwundert es wenig, dass die Messestadt mit zu den ersten gehörte, auf deren Campus sich die nationalsozialistische Idee ausbreitete und zu einer Studentenbewegung heranwuchs.[124] Eine weitere, parallel dazu stattfindende Entwicklung ist für eine Analyse des NSDAP-Landtagseinzug 1926 zu beachten. Neben der eingangs geschilderten Konsolidierung bzw. Neustrukturierung war eine, so Vollnhals, „zunehmende Radikalisierung der Wehrverbände zu verzeichnen“[125]. Bei den Wehrverbänden spielte der ohnehin schon gelebte Nationalismus eine zunehmend gewichtigere Rolle. Hinzu kamen eindeutig republikfeindliche Stellungnahmen und Selbstpositionierungen, dabei drifteten die Verbände kontinuierlich ins rechtsradikale Fahrwasser. Unter dem Eindruck der scharfen Polarisierung konnte sich die NSDAP einfach in den antimarxistischen Tenor einbetten und sich selbst somit in das politische Tagesgeschäft integrieren. Vor der Landtagswahl hatten die großen Wehrverbände *Stahlhelm*, *Jungdeutscher Orden*, *Werwolf*, *Bund Wiking* und *Reichsflagge* in einem gemeinsamen Appell dazu aufgerufen einen „nationalen Block“[126] zu bilden. Dazu sollten alle bürgerlichen und rechten Parteien einen antimarxistischen Block bilden. Oberste Priorität war die Vermeidung einer linken Regierungsbeteiligung oder gar Mehrheit. Berührungsängste mit den Nationalsozialisten gab es nicht. Auch wenn das Unterfangen noch in den Kinderschuhen scheiterte, rückte die NSDAP durch diese zumindest prinzipiell angedeutete Kooperationsbereitschaft wieder ein Stück mehr in die gesellschaftliche Mitte. Bei der

---

120 Thamer, Ulrich, 2002: Der Nationalsozialismus, Stuttgart: Reclam, S. 44.
121 Wagner, Andreas, 2004: Machtergreifung in Sachsen, Köln: Böhlau Verlag, S. 64.
122 Szejnmann, Claus-Christian, 2000: Vom Traum zum Alptraum. Sachsen in der Weimarer Republik, Dresden: Sächsische Landeszentrale für politische Bildung, S. 105.
123 Vgl.: Wagner, Andreas, 2004: Machtergreifung in Sachsen, Köln: Böhlau Verlag, S. 64.
124 Vgl.: Faust, Anselm, 1973: Der Nationalsozialistische Studentenbund. Band 1, Düsseldorf: Pädagogischer Verlag Schwann, S. 38.
125 Vollnhals, Clemens, 2002: Der gespaltene Freistaat: Der Aufstieg der NSDAP in Sachsen, in: Derselbe (Hrsg.): Sachsen in der NS-Zeit, Leipzig: Gustav Kiepenheuer Verlag GmbH, S. 19.
126 Ebenda.

Landtagswahl Ende Oktober 1926 mussten die Regierungsparteien schließlich herbe Verluste hinnehmen. Die Koalitionspartner DDP, DVP und ASP verloren insgesamt 21 ihrer 50 Mandate. Allein der ASP blieben von 23 Mandaten noch vier.[127] Die SPD verlor zwar gegenüber 1922 neun von 40 Mandaten, durch die Spaltungen 1925 gewann sie aber, absolut gesehen, 13 Mandate hinzu. Wahlgewinner waren KPD und Wirtschaftspartei, die auf 14 bzw. zehn Mandate kamen. Die NSDAP scheiterte allerdings nur auf den ersten Blick, allein von einem „only"[128] zu sprechen, wäre eine irreführende Interpretation und würde die Bedeutung des Ergebnisses nicht ausreichend würdigen. Sie gewann zwar nur 1,6 Prozent der Wähler für sich, das waren zwei Abgeordnete in einem Parlament mit 96 Sitzen. Allerdings war sie mit Fritz Tittmann und dem Weltkriegs- und Marineoffizier Hellmuth von Mücke erstmals überhaupt im sächsischen Landtag vertreten, sie war jetzt keine rein „bayerische Erscheinung"[129] mehr. Noch entscheidender war aber, dass der „Kampf um die Hegemonie im völkischen Lager"[130] damit entschieden war. Ausgehend und stimuliert von dieser Vorherrschaft, konnten sich weitere NS-Strukturen bilden bzw. festigen. Insbesondere gegenüber den militärischen Verbänden versuchte die NSDAP in der Folgezeit einen Führungsanspruch durchsetzen. Mit der Ernennung des Weltkriegsveteranen und Offiziers Franz Pfeffer von Salomon zum *Obersten Führer der SA* (OFSA) im November 1926 begann die Reorganisation der Parteitruppe, die sich jetzt zu einem Instrument der politischen Massenmobilisierung entwickeln sollte. Dazu wusste die SA mit der Wahlkampfinitiative aus den Wehrverbänden umzugehen: „Hatte die bisher scharfe Abgrenzung von Partei und SA gegenüber den Verbänden ganz im Vordergrund gestanden, so begannen die Nationalsozialisten nun, sich verstärkt für das in den Verbänden organisierte Potential zu interessieren."[131] Die Strategie war äußerst erfolgreich, die NSDAP nutzte die momentane Schwäche dieses Lagers und mobilisierte deren Anhänger für eigene Zwecke. Durch die authentische aber auch radikale und kompromisslose Rhetorik sowie die allgemein „größere Dynamik"[132] muss die SA eine starke Anziehungskraft ausgeübt haben. Der Historiker und

[127] Im März 1925 wurde der SPD-Ministerpräsident Max Heldt auf dem sächsischen Landesparteitag aus seiner Partei ausgeschlossen. Von den 40 Abgeordneten der SPD-Landtagsfraktion spalteten sich daraufhin 23 Abgeordnete ab und gründeten zusammen mit Heldt die *Alte Sozialistische Partei* (ASP). Der linke Flügel verblieb in der SPD-Fraktion.

[128] Szejnmann, Claus-Christian, 1999: Nazism in central germany. The brownshirts in "red" saxony, Oxford: Berghahn Books, S. 32.

[129] Franz-Willing, Georg, 1974: Ursprung der Hitlerbewegung 1919 – 1922, Oldenburg: Verlag K.W. Schütz KG, S. 370.

[130] Ebenda, S. 21.

[131] Longerich, Peter, 1989: Die braunen Bataillone. Geschichte der SA, München: C.H. Beck, S. 65.

[132] Wagner, Andreas, 2001: Mutschmann gegen von Killinger. Konfliktlinien zwischen Gauleiter und SA-Führer während des Aufstiegs der NSDAP und der *Machtergreifung* im Freistaat Sachsen, Leipzig: Sax-Verlag Beucha, S. 35.

SA-Spezialist Peter Longerich zählt die SA-Verbände Sachsens schon Mitte 1927 zu den mitgliederstärksten, neben denen in Oberbayern, Franken, Berlin und dem Ruhrgebiet.[133] Ein Paradebeispiel für den starken Zulauf aus den Wehrverbänden ist die Personalie des Skagerragveteranen Manfred von Killinger, der sich 1928 SA und NSDAP anschloss.[134] Dass die Partei eine Monopolstellung im völkisch-nationalistischen Lager eingenommen hatte, bewies sie endgültig zur Reichstagswahl im Mai 1928. 2,6 Prozent erreichte die NSDAP, mehr als jede andere rechtsradikale Splitterpartei. Von nun an vertraten zwölf Nationalsozialisten die Bewegung im höchsten deutschen Parlament. Das bedeutete zwar noch keinen Durchbruch ins bürgerliche oder linke Lager, jedoch konnte die Partei wenigstens ihr eigenes Wählerreservoir binden. Die „Wirren völkischer Richtungs- und Machtkämpfe" waren beendet"[135], die NSDAP repräsentierte nun vollends den parlamentarischen Arm der völkische Bewegung. Was in Sachsen bereits nach der Landtagswahl 1926 eingetreten war, hatte sich auf Reichsebene wiederholt. Ein weiteres „Warnsignal"[136] waren die regionalen Erfolge der NSDAP. Während sie in den Wahlkreisen Dresden und Leipzig nur unter dem Reichsdurchschnitt mobilisieren konnte, wählten im Wahlkreis Chemnitz-Zwickau 4,3 Prozent der Wähler nationalsozialistisch.[137] In einzelnen Gemeinden schaffte sie Ergebnisse weit im zweistelligen Bereich, ihre Verankerung im südwestlichen Sachsen war nicht mehr zu übersehen. Eine Splitterpartei war die NSDAP dort nicht mehr. Von dieser Hochburg aus, bildete sie noch 1928 weitere organisatorische Brückenköpfe nebst Untergliederungen und Vorfeldorganisationen. 4 600 Mitglieder und 132 Ortsgruppen zählt die Partei bis Jahresende in Sachsen.[138] Ihre „Phase des Wiederaufbaus"[139] hatte sie damit in Sachsen schon Ende 1928 abgeschlossen, ein Jahr früher als auf Reichsebene.

---

[133] Vgl.: Longerich, Peter, 1989: Die braunen Bataillone. Geschichte der SA, München: C.H. Beck, S. 59.

[134] Vgl. dazu: Wagner, Andreas, 2001: Mutschmann gegen von Killinger. Konfliktlinien zwischen Gauleiter und SA-Führer während des Aufstiegs der NSDAP und der *Machtergreifung* im Freistaat Sachsen, Leipzig: Sax-Verlag Beucha, S. 25 – 37.

[135] Lohalm, Uwe, 1970: Völkischer Radikalismus. Die Geschichte des Deutschvölkischen Schutz- und Trutz-Bundes 1919 – 1923, Hamburg: Leibniz-Verlag, S. 280.

[136] Grevelhörster, Ludger, 2003: Kleine Geschichte der Weimarer Republik. Ein problemgeschichtlicher Überblick, Münster: Aschendorff Verlag, S. 133.

[137] Vollnhals, Clemens, 2002: Der gespaltene Freistaat: Der Aufstieg der NSDAP in Sachsen, in: Derselbe (Hrsg.): Sachsen in der NS-Zeit, Leipzig: Gustav Kiepenheuer Verlag GmbH, S. 21.

[138] Vgl.: Szejnmann, Claus-Christian, 1999: Nazism in central germany. The brownshirts in "red" saxony, Oxford: Berghahn Books, S. 271.

[139] Horn, Wolfgang, 1980: Der Marsch zur Machtergreifung. Die NSDAP bis 1933, Düsseldorf: Athenäum/ Droste, S. 295.

3. Die NSDAP übernimmt die Macht

3.1. Von der Splitterpartei zum Zünglein an der Waage: Die Landtagswahl 1929

Nachdem es nun gelungen war, die politische Konkurrenz zu überholen, konnte sich die NSDAP jetzt auch anderen Wählergruppen widmen. Die Parteistrategen hatten vorausgegangene Wahlen in Norddeutschland analysiert und dabei festgestellt, dass trotz einer radikalen sozialistischen Agitationsrichtung kein umfassender Einbruch ins Wählerreservoir der Arbeiterklasse erreicht worden war. Die Partei veränderte daraufhin ihre Linie und begann mit dem Buhlen um die Wähler der Mitte, ein erster Affront gegen den linksrevolutionären Flügel um Otto Strasser. Sollte diese Taktik im Pilotprojekt *Landtagswahl Sachsen 1926* Erfolg haben, würde Strassers Anhängerschaft weiter innerparteilich marginalisiert werden, die Grundlage für die späteren Auseinandersetzungen zwischen München und Berlin waren somit hier in Sachsen geschaffen wurden. Vor dem Hintergrund einer sich abzeichnenden Wirtschaftskrise kam der Partei dabei die zunehmende Radikalisierung des Bürgertums entgegen. Um den Mittelstand zu erreichen, distanzierte sich die sächsische NSDAP sogar „von der Forderung ihres 25 Punkte-Programms, das die Verstaatlichung von Land für öffentlichen Gebrauch ohne Entschädigung vorsah“[140]. Die Nationalsozialisten warben sogar damit, das Privateigentum des ländlichen und städtischen Mittelstands unter staatlichen Schutz stellen zu wollen. Der nationale Sozialismus sollte demnach lediglich die „jüdische Bodenspekulation“ [141] und die großen Warenhäuser treffen. Neben der Arbeiterklasse, die man trotzdem weiter umwarb, dem Handerwerker-, Bauern- und Unternehmertum zielte die NS-Taktik zunehmend auch auf den Klerus. Im stark polarisierten Sachsen nahm das Gros der Protestanten längst antimarxistische Positionen ein. Nachdem sich die ersten Pfarrer zum Nationalsozialismus bekannten, waren diese zu einem wichtigen Mobilisierungsfaktor für die Hitlerbewegung geworden. Mit den Worten des amerikanischen Historikers Benjamin Lapp: „Die Selbstbezeichnung der NSDAP als eine christliche Partei war ein geschickter Schachzug.“[142] Auch die Agitationen im landwirtschaftlichen Milieu trugen Früchte. Martin Broszat konstatierte dazu in den *Vierteljahresheften für Zeitgeschichte*, dass es der Partei schon früh gelungen war „das Image

[140] Lapp, Benjamin, 1998: Der Aufstieg des Nationalsozialismus in Sachsen, in: Pommerin, Reiner (Hrsg.): Dresden unterm Hakenkreuz, Köln: Böhlau Verlag, S. 4.
[141] Ebenda.
[142] Ebenda, S. 5.

einer entschlossenen agrarpolitischen Partei"[143] zu erwerben. Mit dem Angriff auf breitere Wählerschichten, erfuhr der nationalsozialistische Organisationsprozess eine neue Dynamik: „After years of slow growth – sometimes even stagnation or decline – the increasing momentum of the Saxon Nazi movement was evident in the growth of party membership, number of party branches, and propaganda activities."[144] Tatsächlich gewann die Partei neue Zuversicht und war dementsprechend motiviert.

Keineswegs ungelegen kam der Bewegung daher eine Gerichtsentscheidung, welche die Landtagswahlen von 1926 annullierte. Jetzt bot sich der NSDAP die Möglichkeit, aus ihrem Dasein als Splitterpartei herauszutreten. Die Parteiführung wusste von dem richtungsweisendem Charakter der sächsischen Landtagswahl und ernannte den niederbayrischen Reichstagsabgeordneten Gregor Strasser zum Wahlkampfbeauftragten. Dieser koordinierte eine massive Propagandakampagne, die Partei entfaltete „neben den Arbeiterparteien den aktivsten Wahlkampf"[145]. Zusätzlich zu den SA-Propagandafahrten, sprach Hitler selbst auf Kundgebungen mit bis zu 4 000 Zuhörern in Annaberg, Glauchau, Leipzig und Zittau.[146] Vom Aktionismus waren insbesondere das Vogtland, das westliche und das mittlere Erzgebirge betroffen. Hier konzentrierten die NS-Strategen ihren Wahlkampf, keine größere Kommune sollte von der Agitation unberührt bleiben. Dabei erschlossen die Nationalsozialisten auch weiße Flecken. So ermittelte Lapp, dass die NSDAP im Kreis Bautzen „die bei weitem aktivste aller politischen Parteien während des Wahlkampfes"[147] gewesen ist. Dennoch erreichte die Partei ihre mit Abstand besten Ergebnisse im Südwesten. Im dortigen Schwerpunktwahlkampfgebiet, dem Wahlkreis Chemnitz-Zwickau, wurde rund die Hälfte sämtlicher sächsischer NSDAP-Wähler mobilisiert. Für die Parteistrategen bedeutete der Ausgang der Wahlen ein „Erfolg, der all unsere Erwartungen weit übertrifft [...] ein Tag der Freude"[148]. Landesweit erreichte die Partei nur auf den ersten Blick magere 5 Prozent der Stimmen. Im politisch stark fragmentierten Sachsen bedeutete das nicht nur die Verdopplung der Wählerschaft binnen eines Jahres, viel entscheidender war die „key

---

[143] Broszat, Martin, 1983: Zur Struktur der NS-Massenbewegung, in: Vierteljahreshefte für Zeitgeschichte 31, München: Deutsche Verlags-Anstalt Stuttgart, S. 64.

[144] Szejnmann, Claus-Christian, 1999: Nazism in central germany. The brownshirts in "red" saxony, Oxford: Berghahn Books, S. 32.

[145] Szejnmann, Claus-Christian, 2000: Vom Traum zum Alptraum. Sachsen in der Weimarer Republik, Dresden: Sächsische Landeszentrale für politische Bildung, S. 106.

[146] Vgl.: Vollnhals, Clemens, 2002: Der gespaltene Freistaat: Der Aufstieg der NSDAP in Sachsen, in: Derselbe (Hrsg.): Sachsen in der NS-Zeit, Leipzig: Gustav Kiepenheuer Verlag GmbH, S. 22.

[147] Lapp, Benjamin, 1998: Der Aufstieg des Nationalsozialismus in Sachsen, in: Pommerin, Reiner (Hrsg.): Dresden unterm Hakenkreuz, Köln: Böhlau Verlag, S. 5.

[148] Reuth, Ralf Georg, 1992: Joseph Goebbels Tagebücher. Band 1: 1924 – 1929, München: Piper, S. 375.

position"[149], welche die fünf NSDAP-Abgeordneten nun im Landtag einnahmen. Die brisante Pattsituation aus der die Nationalsozialisten Profit schlagen konnten, stellte sich wie folgt dar. Beide Arbeiterparteien stagnierten bei 45 Abgeordneten, wobei zwei Prozent der Wähler von der KPD zur SPD gewandert waren. Die bürgerlichen Parteien, darunter DDP, DVP und die Wirtschaftspartei blieben insgesamt relativ konstant. Nur die Halbierung von DNVP und ASPD brachte die hauchdünne Parlamentsmehrheit zum Schmelzen. Den 45 linken Abgeordneten standen jetzt 46 bürgerliche gegenüber. Aufgrund der scharfen Polarisierung erfuhr eine mögliche Große Koalition vom linken SPD-Flügel und von den rechten Flügeln von DVP und DNVP eine unwiderrufliche Absage. Die neue Konstellation war für die Hitlerbewegung daher äußerst günstig. Die ansonsten unbedeutend gebliebenen Nationalsozialisten hatten „über Nacht die Altsozialisten als Zünglein an der Waage abgelöst"[150]. Hitler selbst war an den Regierungsverhandlungen beteiligt und fokussierte das Innenministerium. Zum ersten Mal schien eine Regierungsbeteiligung nicht ausgeschlossen. Diese Kursänderung beendete den Prozess, der sich bereits im Landtagswahlkampf angekündigt hatte: „Die Entscheidung der Nationalsozialisten für eine konstruktive Zusammenarbeit mit den Bürgerlichen."[151] Die Abkehr von der fundamentalen Systemopposition führte zum Bruch zwischen der Berliner NSDAP und der Parteiführung in München. Der Wahlerfolg in Sachsen schien das Konzept *Legalität* zu bestätigen, während die Anhänger des Konzepts der *Revolution* zunehmend unter innerparteilichen Druck gerieten. Allerdings zeigten die Verhandlungen um das Innenministerium, dass die Partei mit der neuen Taktik zunächst in eine Sackgasse geriet. Die bürgerlichen Parteien waren partout nicht bereit, den Nationalsozialisten ein Ministerium in die Hände zu geben, schon gar nicht das Innenministerium. Auch an dem bei der Rechten verhassten Innenminister Apelt (DDP) hielten die bürgerlichen Parteien fest. Im dritten Wahlgang wurde schließlich Wilhelm Bünger (DVP) mit den Stimmen der NSDAP zum Ministerpräsidenten gewählt. Doch der Friede währte nur kurze Zeit. Helmuth von Mücke, ein Verfechter des linken Flügels der NSDAP, unterbreitete den Linksparteien ein Bündnisangebot: „Die Demokratie, insbesondere der sächsische Innenminister, der mir ja bekannt wäre seiner Einstellung nach, sei ein viel schlimmerer Feind des Nationalsozialismus als selbst der röteste Rote."[152] Von Mücke, der

[149] Szejnmann, Claus-Christian, 1999: Nazism in central germany. The brownshirts in "red" saxony, Oxford: Berghahn Books, S. 32.
[150] Szejnmann, Claus-Christian, 2000: Vom Traum zum Alptraum. Sachsen in der Weimarer Republik, Dresden: Sächsische Landeszentrale für politische Bildung, S. 107.
[151] Ebenda, S. 108.
[152] Vollnhals, Clemens, 2002: Der gespaltene Freistaat: Der Aufstieg der NSDAP in Sachsen, in: Derselbe (Hrsg.): Sachsen in der NS-Zeit, Leipzig: Gustav Kiepenheuer Verlag GmbH, S. 23.

sich zuvor schon mit von Killinger und Mutschmann verstritten hatte, schied schließlich aus der Partei aus. Die Einzelinitiative zeugt von den harten Flügelkämpfen der NSDAP, die 1929 in Sachsen begannen und der Partei auf Reichsebene noch im größeren Maße bevorstanden. Die Benennung des verurteilten Terroristen Manfred von Killingers zum neuen Fraktionsvorsitzenden war vermutlich gedacht, um die Wogen innerhalb der sächsischen NSDAP wieder zu glätten, war seine Wahl doch eine glatte Provokation für den Bürgerblock und ein Zugeständnis an den revolutionären Flügel. Die parlamentarische Zusammenarbeit wurde indes nicht eingestellt, Büngers Regierungsmehrheit benötigte die Stimmen der NS-Abgeordneten zur stabilen Regierungstätigkeit. Um das Kabinett zu erhalten, gab er einigen Forderungen der Nationalsozialisten nach. Zwar schaffte es die NSDAP nicht, genug Druck aufzubauen, um im großen Stile hohe Beamte aus der Verwaltung zu drängen, ein Rechtsruck zeichnete sich trotzdem ab. Zum einen schaffte die Regierung den Revolutionsfeiertag am 9. November ab, zum anderen weigerte sich Bünger gegen die Aktivitäten der HJ an sächsischen Schulen vorzugehen: „Dennoch, die Einigkeit zwischen bürgerlichen Parteien und den Nationalsozialisten erwies sich als zerbrechlich.“ [153]

3.2. Vom Zünglein an der Waage zur Volkspartei: Das Wahljahr 1930

Die NSDAP hatte die Koalition in ein Abhängigkeitsverhältnis gestürzt, die „Lebensdauer hing von der Gnade der Nationalsozialisten ab“[154]. Als Bünger im Reichsrat für die Ratifikation des Young-Plans stimmte, nutzte die NS-Partei diese Gelegenheit, um der Regierung offiziell das Vertrauen zu entsagen. Offensichtlich spekulierten die Nationalsozialisten dabei auf die Popularität dieses Politikfeldes im deutschnationalen Lager, welches die Reform des Dawes-Plan als „drittes Versailles“[155] geißelte. Davon abgesehen, hätte der innerparteilichen Druck die Fraktionsführung in erheblichen Erklärungszwang gebracht, hätte sie weiter an dieser bei der revisionistisch eingestellten Parteibasis geschmähten bürgerlichen Koalition festgehalten. Der von der NSDAP initiierte Misstrauensantrag fand mit den Stimmen von SPD, KPD und DNVP eine klare parlamentarische Mehrheit. Die Zustimmung der DNVP ist nur mit dem Versuch zu erklären, vor dem Hintergrund der nationalsozialistischen Konkurrenz keinen Schiffbruch im

---

153 Lapp, Benjamin, 1998: Der Aufstieg des Nationalsozialismus in Sachsen, in: Pommerin, Reiner (Hrsg.): Dresden unterm Hakenkreuz, Köln: Böhlau Verlag, S. 8.

154 Wagner, Andreas, 2004: Machtergreifung in Sachsen, Köln: Böhlau Verlag, S. 106.

155 Lapp, Benjamin, 1998: Der Aufstieg des Nationalsozialismus in Sachsen, in: Pommerin, Reiner (Hrsg.): Dresden unterm Hakenkreuz, Köln: Böhlau Verlag, S. 8.

deutschnationalen Spektrum zu erleiden. Da es vorauszusehen war, dass der Misstrauensantrag majorisiert wird, musste die DNVP ihr patriotisches Gesicht wahren. Inwieweit dieses Verhalten von der Zielgruppe als authentisch eingeschätzt wurde, darf angesichts der kommenden Stimmenverluste der DNVP bezweifelt werden. Im Gegensatz dazu wurde die noch unverbrauchte Oppositionspartei der Hitlerbewegung als glaubwürdiger erachtet: „Das gemeinsame Vorgehen mit Deutschnationalen, Stahlhelm und anderen Organisationen hatte ihnen großes Ansehen in nationalistischen Kreisen verschafft. In vielen bürgerlichen Zeitungen waren positive Berichte über die Nationalsozialisten erschienen.“[156] Aus dieser Perspektive heraus, war das Verhalten der DNVP ein taktischer Fehler, gerade im Jahr 1930. Es bedurfte keiner hellseherischen Fähigkeiten, um zu prognostizieren, dass nur die NSDAP im großen Stile von einer Landtagsauflösung und Neuwahlen profitieren würde. Umso unverständlicher wirken die folgenden Entwicklungen und Manöver der SPD. Nachdem nach monatelangen Regierungsverhandlungen Walter Schieck, welcher sich somit gleichfalls in den „Schraubstock der NSDAP“[157] manövrierte, mit den Stimmen der NSDAP zum Ministerpräsidenten gewählt wurde, verlor die größtenteils aus Beamten bestehende Regierung nach wenigen Tagen wieder das Vertrauen der Parlamentsmehrheit. Ein Misstrauensantrag der SPD, gedacht zur Druckerhöhung auf die bürgerlichen Parteien, wurde mit den Stimmen der KPD und überraschenderweise auch mit den Stimmen der NSDAP angenommen. Die Sozialdemokraten hatten wohlmöglich nicht einkalkuliert, dass die Nationalsozialisten die soeben bestätigte Regierung so schnell fallen lassen würden. Dabei konnte die Ausgangslage für die Hitlerbewegung kaum günstiger sein, Sachsen wurde wieder zum „Großkampfplatz“[158] der Partei. Der Sockel auf den die Nationalsozialisten in diesem Entscheidungsjahr bauen konnten, bestand im Groben aus drei Pfeilern.

<u>1) Die krankende Wirtschaft</u>

Am sogenannten Schwarzen Freitag, den 25. Oktober 1929, brach die „schwerste wirtschaftliche Krise der neueren Zeit“[159] mit globalem Ausmaß aus. Hatte die deutsche Wirtschaft gerade die Nachwehen der Hyperinflation überstanden, so stand sie jetzt vor einem erneuten Kollaps. Die nationalsozialistische Propaganda schien sich zu bestätigen, die tiefen

---

156 Szejnmann, Claus-Christian, 2000: Vom Traum zum Alptraum. Sachsen in der Weimarer Republik, Dresden: Sächsische Landeszentrale für politische Bildung, S. 107.

157 Wagner, Andreas, 2004: Machtergreifung in Sachsen, Köln: Böhlau Verlag, S. 107.

158 Wagner, Andreas, 2001: Mutschmann gegen von Killinger. Konfliktlinien zwischen Gauleiter und SA-Führer während des Aufstiegs der NSDAP und der *Machtergreifung* im Freistaat Sachsen, Leipzig: Sax-Verlag Beucha, S. 63.

159 Grevelhörster, Ludger, 2003: Kleine Geschichte der Weimarer Republik. Ein problemgeschichtlicher Überblick, Münster: Aschendorff Verlag, S. 143.

ökonomischen Verflechtungen und Interdependenzen, welche sich nach dem Ersten Weltkrieg zwischen den USA und Deutschland herauskristallisiert hatten, bescherten der Weimarer Republik nun eine tief greifende Wirtschafts- und damit einhergehend eine existentielle Legitimationskrise. Noch im Winter 1929/30 stieg die Arbeitslosigkeit dramatisch an. Gemessen ab 1929 brach die Industrieproduktion in den folgenden drei Jahren um 40 Prozent ein.[160] Die übliche Frühjahrsbelebung blieb 1930 aus, der Arbeitsmarkt verschlechterte sich auf der Grundlage der ohnehin schon symptomatischen Sockelarbeitslosigkeit der Weimarer Republik. Es waren die verheerenden Folgen dieser Krise, welche die „Auflösungsphase“[161] der Republik einleiteten. Kein deutsches Land war von dieser Rezension in einem so starken Maße betroffen wie Sachsen. Neben der nun einsetzenden Erosion, war das Land seit dem Ende des ersten Weltkrieges ohnehin ökonomisch gestrauchelt. Der „industrielle Vorsprung“[162] Sachsens war längst geschmolzen. Was der Historiker Ludger Grevelhörster für die gesamte Republik konstatiert, lässt sich, abgesehen von der Schwerindustrie, für Sachsen in gesteigerter Form feststellen: „Weiterhin scheinen viele Investitionen unter volkswirtschaftlichen Gesichtspunkten fehlgeleitet worden zu sein. Statt in moderne Wachstumsindustrien wie die Chemieindustrie, den Maschinenbau oder die Elektroindustrie flossen die Kredite der Banken überwiegend in die Schwerindustrie, den Bergbau und die Landwirtschaft.“[163] Eine exportabhängige Wirtschaft wie die sächsische hätte dringender Modernisierungsschübe bedurft, um konkurrenzfähig zu bleiben. Die Branchenspezifika war mehr als veraltet, die vogtländische Textilindustrie bestätigt diese Einschätzung eindrucksvoll. Mehr als ein Drittel der deutschen Textilproduktion konzentrierte sich allein auf Westsachsen.[164] Hielten sich die Betriebe bis 1930 mehr schlecht als recht über Wasser, waren ihre Tage mit der Weltwirtschaftskrise gezählt: „Die Ausfuhren gingen 1932 auf ein Fünftel gegenüber 1913 zurück.“[165] Konkurse und Massenentlassungen waren die direkte Folge dieses Auftragsmangels. Hinsichtlich der Arbeitslosenquote lag Sachsen ab 1929 „an

---

[160] Thoß, Hendrik, 2008: Demokratie ohne Demokraten?, Berlin: be.bra verlag, S. 89.

[161] Engelmann, Tanja, 2004: „Wer nicht wählt, hilft Hitler.“ Wahlkampferstattung in der Weimarer Republik, Köln: Böhlau Verlag, S. 129.

[162] Pohl, Karl Heinrich, 1995: Wirtschaft und Wirtschaftsbürgertum im Königreich Sachsen im frühen 20. Jahrhundert, in: Bramke, Werner; Heß, Ulrich (Hrsg.): Sachsen und Mitteldeutschland. Politische, wirtschaftliche und soziale Wandlungen, Köln: Böhlau Verlag, S. 325.

[163] Grevelhörster, Ludger, 2003: Kleine Geschichte der Weimarer Republik. Ein problemgeschichtlicher Überblick, Münster: Aschendorff Verlag, S. 135.

[164] Röllig, Gerhard, 1928: Wirtschaftsgeographie Sachsens, Leipzig: ---Verlag---, S. 114.

[165] Rudloff, Michael, 1995: Die Strukturpolitik in den Debatten des sächsischen Landtags zur Zeit der Weltwirtschaftskrise, in: Bramke, Werner; Heß, Ulrich (Hrsg.): Sachsen und Mitteldeutschland. Politische, wirtschaftliche und soziale Wandlungen, Köln: Böhlau Verlag, S. 244.

der Spitze in Deutschland"[166]. Die Zahl der Kleinbetriebe verringerte sich um mehr als ein Drittel, die Zahl der Großbetriebe halbierte sich nahezu.[167] Vor dem Hintergrund dieser Entwicklungen waren zunehmende Radikalisierungstendenzen im politischen Leben festzustellen. In dieser Atmosphäre gedieh gerade im Mittelstand eine antikapitalistische Stimmung. Antikapitalistisch und Antimarxistisch zugleich war allerdings nur das völkische Lager, deren parteipolitischer Hegemon, die NSDAP, sich jetzt bestens empfehlen konnte, hatte sich doch der innerparteiliche Flügelkampf zugunsten der Legalitätstaktik durchgesetzt: „Between 1928 and 1930 the Nazi Party had concentrated lergely on trying to win over sections of the middle class, notably the peasantry, the artisans and the small retailers."[168] Der Propagandaangriff auf die neue Zielgruppe war erfolgreich: „Diese Konzentration der Werbung auf eine Schicht, die fraglos eine Schlüsselstellung besaß, brachte die locker gefügten Mittelparteien, mit Ausnahme des Zentrums, der Desintegration nahe."[169] Tatsächlich verloren DDP, DVP, DNVP und die Wirtschaftspartei 1930 zusammen zehn Mandate im Landtag, während die NSDAP neun dazu gewann. Es waren daher vor allem Anhänger des bürgerlichen Lagers, welche den Nationalsozialisten nun in Scharen zuliefen. Fälschlicherweise wurde lange Zeit angenommen, dass die NSDAP vor allem Zulauf aus dem Arbeitslosenmilieu erhielt. Die neuere Forschung entkräftete diese These und wies nach, dass diese soziale Gruppe „bevorzugt KPD wählte"[170]. Die Beziehungen zum oberen Mittelstand und zur Oberschicht sind dagegen differenzierter zu bewerten. Exemplarisch soll dies am Vorsitzenden des Verbandes Sächsischer Industrieller (VSI), Wilhelm Wittke, festgehalten werden. Unter seiner Führung verschärfte auch die Gruppe der Unternehmer ihre nationalistische Rhetorik und sympathisierte zunehmend mit republikfeindlichen Positionen: „Ein Systemwechsel […] – was die Nationalsozialisten in Aussicht stellten – schien das Allheilmittel zu sein, um die brachliegende Produktion und den Export von Textilgütern, Maschinen und anderem neu zu beleben."[171] Wittke selber spielt mehr als einmal auf Hitler

---

[166] Hess, Ulrich, 1998: Sachsens Industrie in der Zeit des Nationalsozialismus. Ausgangspunkte, struktureller Wandel, Bilanz, in: Bramke, Werner; Derselbe (Hrsg.): Wirtschaft und Gesellschaft in Sachsen im 20. Jahrhundert, Leipzig: Leipziger Universitätsverlag, S. 59.

[167] Vgl.: Ebenda.

[168] Noakes, Jeremy, 1998: The Emergence of Nazism as a Maa Movement, in: Derselbe (Hrsg.): Nazism 1919 – 1945, Exeter: Short Run Press, S. 81.

[169] Bracher, Karl Dietrich, 1984: Die Auflösung der Weimarer Republik. Eine Studie zum Problem des Machtverfalls in der Demokratie, Düsseldorf: Droste Verlag, S. 153.

[170] Vollnhals, Clemens, 2002: Der gespaltene Freistaat: Der Aufstieg der NSDAP in Sachsen, in: Derselbe (Hrsg.): Sachsen in der NS-Zeit, Leipzig: Gustav Kiepenheuer Verlag GmbH, S. 38.

[171] Szejnmann, Claus-Christian, 1998: Sächsische Unternehmer und die Weimarer Demokratie. Zur Rolle der sächsischen Unternehmer in der Zeit der Weltwirtschaftskrise und des Aufstiegs des Nationalsozialismus, in: Heß, Ulrich; Schäfer, Michael (Hrsg.): Unternehmer in Sachsen. Aufstieg – Krise – Untergang – Neubeginn, Leipzig: Leipziger Universitätsverlag, S. 174.

an, indem er in dem Führer der nationalsozialistischen Bewegung den vermeintlichen Retter protegiert:

> „Vorraussetzung für jede Hilfe ist und bleibt aber, dass es der Wirtschaft endlich ermöglicht wird, wieder ihren eigenen Gesetzen zu folgen, und jeder Führer, der diese Möglichkeit unserer Wirtschaft wiederbringt, komme er, woher er wolle, ist ihr willkommen.“[172]

In dieser Rede tritt offen zu Tage, was die Hitlerbewegung für Wittke und viele andere sächsische Unternehmer darstellte. Sie bot ihnen ein Instrument, um die verhasste Republik abzuschaffen, „wobei offenbar an die Steuerbarkeit selbst einer Diktatur geglaubt wurde.“[173] Daneben „sollte Einfluss auf die wirtschaftspolitische Haltung dieser Partei gewonnen werden“[174]. Dabei kam der NSDAP die Schwäche der DVP entgegen, die dem VSI nun immer weniger als Sprachrohr und Werkzeug politischer Ziele taugte. Die Forschungen des Historikers Jens Adolph ergaben, dass im April 1930 „mindestens ein namentlich nicht genanntes Mitglied der VSI-Führung“[175] an einer nichtöffentlichen Runde im Nationalen Klub Dresden teilgenommen hat, bei der Hitler sprach und für seine Bewegung warb. Das Interesse an der NSDAP war also geweckt, auch dank der Rezension war sie Anfang 1930 mehr als nur salonfähig geworden. Anfängliche Berührungsängste der oberen gesellschaftlichen Schicht waren einer prinzipiellen Dialogbereitschaft gewichen. Das war die eine Ausgangssituation für die sächsische nationalsozialistische Bewegung.

2) Die Regierungsbeteiligung in Thüringen

Die zweite wichtige Entwicklung, welche ab 1930 die sächsische NS-Bewegung prägen sollte, war die nationalsozialistische Regierungsbeteiligung in Thüringen. Ähnlich wie für Sachsen, empfiehlt es sich, auch für Thüringen den Durchbruch der Partei nicht erst auf 1930 zu datieren, sondern ein Jahr früher. Auch hier hatte sich bis 1929 ein „ungewöhnlich gut organisierter Wahlkampfapparat“[176] herausgebildet, der es der NSDAP ermöglicht hatte, bei den thüringischen Landtagswahlen vom 8. Dezember 1929 über 11 Prozent der Stimmen zu

---

[172] Zitiert nach: Ebenda, S. 175.

[173] Adolph, Jens, 1998: Der VSI-Vorsitzende Wilhelm Wittke, in: Heß, Ulrich; Schäfer, Michael (Hrsg.): Unternehmer in Sachsen. Aufstieg – Krise – Untergang – Neubeginn, Leipzig: Leipziger Universitätsverlag, S. 190.

[174] Adolp, Jens, 1998: Die Wirtschaftspolitik des Verbandes Sächsischer Industrieller 1928 – 1934, in: Bramke, Werner; Derselbe (Hrsg.): Wirtschaft und Gesellschaft in Sachsen im 20. Jahrhundert, Leipzig: Leipziger Universitätsverlag, S.172.

[175] Ebenda.

[176] Tracey, Donald, 1995: Der Aufstieg der NSDAP bis 1930, in: Heiden, Detlev; Mai, Gunther (Hrsg.): Nationalsozialismus in Thüringen, Weimar: Böhlau Verlag, S. 69.

mobilisieren und somit sechs Parlamentssitze zu besetzen. Da sich in Thüringen ein bürgerlicher Parteienblock mit 23 Mandaten und auf der anderen Seite ein linker Parteienblock mit 24 Mandaten gegenüber standen, nahmen die Nationalsozialisten auch in Thüringen eine parlamentarische Schlüsselrolle ein. Anders als in Dresden, trat die Parteiführung jetzt aber wesentlich anspruchsvoller und selbstbewusster in die Verhandlungen. Für Adolf Hitler selbst stand fest: „entweder Dr. Frick unser Minister – oder Neuwahlen."[177] Der Bürgerblock willigte unter diesem Handlungsdruck schließlich ein. Am 23. Januar 1930 übernahm der NSDAP-Reichstagsabgeordnete Wilhelm Frick das Staatsministerium für Inneres und Volksbildung. Mit diesen, aus Hitlers Sicht „wichtigsten Ämtern"[178] trat die NSDAP erstmals in eine Landesregierung ein, womit nicht nur eine allgemeine Aufwertung der Partei einherging. Die erste Landesregierung mit NS-Beteiligung steht für eine beginnende „Nationalisierung"[179] des Polizei- und Schulwesens. Frick gelang es, mehrmals die Koalitionspartner zu überspielen und NS-Sympathisanten in wichtigen Institutionen zu platzieren. Die mehr oder weniger konstruktive Regierungsbeteiligung leitete eine neue Epoche für die Hitlerbewegung ein. Für Sachsen bedeutete dies, dass zunächst die „Tage der Regierung Bünger gezählt"[180] waren. Strotzend vor Selbstbewusstsein diktierte die Partei schließlich die Bedingungen der Regierungsbildung des Kabinetts Schieck, um ihr dann, in voller Ungeduld auf Neuwahlen, bereits nach einer Woche wieder das Vertrauen zu entziehen.

3) Der massive Zulauf

Eine direkte Folge von wirtschaftlicher Rezension und thüringischer Regierungsbeteiligung war der massive Zulauf zu den nationalsozialistischen Organisationen seit dem Frühjahr 1930. Dank dieser Massenmobilisierung konnte die NSDAP in Sachsen einen Wahlkampf führen, der gemessen am Aktionismus, die anderen Parteien weit hinter sich ließ. Die Landtagswahlerfolge in Sachsen und Thüringen, die Schlüsselposition sowie die Regierungsbeteiligung bescherten der NSDAP ab Ende 1929 unzählige neue Mitglieder. Allein im Dezember 1929 traten knapp 20 000 Menschen in die NSDAP ein, bis zum Frühjahr 1930 betrug die Mitgliederzahl 200 000.[181] An Sachsen ging diese Entwicklung

[177] Zitiert nach: Neliba, Günther, 1995: Wilhelm Frick und Thüringen als Experimentierfeld für die nationalsozialistische Machtergreifung, in: Heiden, Detlev; Mai, Gunther (Hrsg.): Nationalsozialismus in Thüringen, Weimar: Böhlau Verlag, S. 76.
[178] Ebenda, S. 77.
[179] Ebenda.
[180] Vollnhals, Clemens, 2002: Der gespaltene Freistaat: Der Aufstieg der NSDAP in Sachsen, in: Derselbe (Hrsg.): Sachsen in der NS-Zeit, Leipzig: Gustav Kiepenheuer Verlag GmbH, S. 24.
[181] Vgl.: Thamer, Ulrich, 2002: Der Nationalsozialismus, Stuttgart: Reclam, S. 82.

keineswegs vorbei. Bis zum Sommer 1930 waren knapp 12 000 Sachsen Parteimitglieder, „fast dreimal soviel wie noch im Januar 1929“[182]. Allein an diesen Zuwächsen lässt sich die Bedeutung der thüringischen und sächsischen Landtagswahlen für die Hitlerbewegung herausschälen. Mit diesen Personalressourcen ließ sich in der Folge ein straffer Propagandaapparat installieren: „By 1930 Nazi propaganda was controlled by a spezial propaganda department represented at all levels of the Party. At the top was the Reich propaganda department headed by Goebbels after 27 April 1930. Each Gau or Party regional headquarters had its propaganda department with its own chief and, below that, each branch had an official in charge of propaganda.”[183] Der neue Reichspropagandaleiter maß den erneuten Landtagswahlen in Sachen ein erhebliches und alles entscheidendes Gewicht zu. Hitler selbst sprach im Juni 1930 in Dresden, Leipzig, Chemnitz und Bautzen. Mit ganzen 2 000 Wahlversammlungen, mit welchen die Nationalsozialisten den Freistaat in nur drei Wochen überzogen, war der sächsische Wahlkampf zwar vergleichsweise kurz, dafür aber umso intensiver geführt worden.[184] Damit war die NSDAP bereits die wahrscheinlich aktivste Partei, unmittelbar gefolgt von Sozialdemokraten und Kommunisten. Die bürgerlichen Parteien verharrten in Lethargie und traten nur gelegentlich in die Öffentlichkeit. Der Landtagswahlausgang vom 22. Juni bescherte dieser Entwicklung die Quittung, die organisatorische Schwäche der Bürgerlichen beförderte den Aufstieg der Hitlerbewegung. Während die SPD verlor, die KPD leicht zulegte und die linken Parteien damit insgesamt eine bemerkenswerte Konstanz behielten, stürzten die zersplitterten bürgerlichen Parteien regelrecht ab. Von den vorher 46 Sitzen behielten sie noch 37. Dagegen konnte die NSDAP mit 14,4 Prozent der Wählerstimmen ihre Mandatszahl fast verdreifachen. Sie war jetzt die stärkste antimarxistische Partei im Dresdner Landtag. Nach Lapp unterstützte der Wahlausgang die „Perzeption von einer besonderen Dynamik und offensichtlichen Unbesiegbarkeit der NSDAP“[185]. Goebbels hatte richtig kalkuliert, die Sachsenwahl war sein „erster Streich“[186] und leitete das erfolgreiche NS-Wahljahr 1930 ein. In seinem Tagebuch vermerkte der Propagandachef zur Sachsenwahl:

---

[182] Vollnhals, Clemens, 2002: Der gespaltene Freistaat: Der Aufstieg der NSDAP in Sachsen, in: Derselbe (Hrsg.): Sachsen in der NS-Zeit, Leipzig: Gustav Kiepenheuer Verlag GmbH, S. 29.

[183] Noakes, Jeremy, 1998: The Emergence of Nazism as a Mass Movement, in: Derselbe (Hrsg.): Nazism 1919 – 1945, Exeter: Short Run Press, S. 57.

[184] Lapp, Benjamin, 1998: Der Aufstieg des Nationalsozialismus in Sachsen, in: Pommerin, Reiner (Hrsg.): Dresden unterm Hakenkreuz, Köln: Böhlau Verlag, S. 9.

[185] Ebenda, S. 11.

[186] Szejnmann, Claus-Christian, 2000: Vom Traum zum Alptraum. Sachsen in der Weimarer Republik, Dresden: Sächsische Landeszentrale für politische Bildung, S. 113.

> „Herrliche Stimmung. Aber ich bin erledigt. Noch bis tief in die Nacht zusammen gesessen. Nach Mitternacht kommt Hitler. Alles schon in Siegerlaune. Wir sitzen bis fast in den Morgen. [...] Eine Stimmung wie nie. [...] Nach und nach kommt ein phänomenaler Sieg heraus. Von 5 auf 14 Abg. gestiegen. Das hatte niemand erwartet. Alle anderen Parteien verloren. Es ist ein Sieg der Volksgemeinschaft. Jubel ohne Maßen. [...] Wir sitzen dann noch bis 3 bei Mutschmann und knobeln die Regierungssitze aus. [...] Strasser? Hierl? Ich? Wer weiß? Abwarten! Vorläufig freuen wir uns des Sieges."[187]

Anders als erhofft, konnte die NSDAP aus der tief greifenden Erosion des bürgerlichen Parteiensystems zunächst keinen machtparlamentarischen Nettogewinn verbuchen.

Tab.2: Sächsische NSDAP und rechtsbürgerliche Parteien 1922 bis 1930.

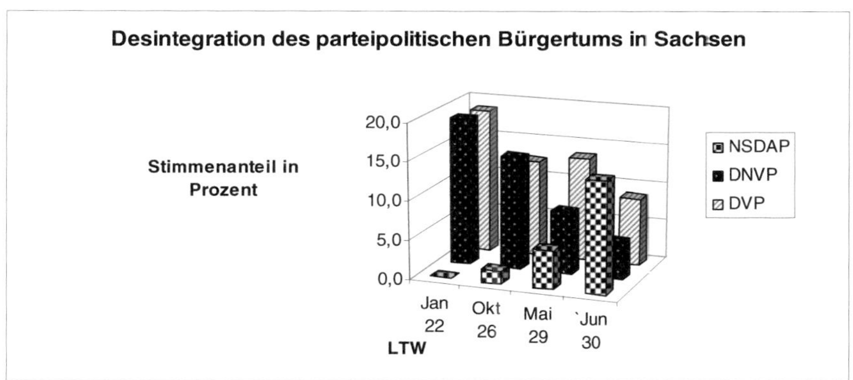

	Jan 22	Okt 26	Mai 29	`Jun 30
NSDAP	-	1,6	5,0	14,4
DNVP	19,0	14,5	8,0	4,8
DVP	18,7	12,4	13,4	8,7

Beflügelt von den Wahlerfolgen forderte die NSDAP das sächsische Innenministerium. Trotz des warnenden Beispiels in Thüringen ließen sich die bürgerlichen Parteien zwar auf Koalitionsverhandlungen ein. In einem von Friedrich Krugg von Nidda und von Falkenstein geführten Kabinett wurde Gregor Strasser tatsächlich das Innenministerium zugedacht. Nur der entschiedene Widerstand der DDP ließ Hitlers Traum eines „Mitteldeutschen Blocks"[188] platzen. Das Beamtenkabinett Schieck blieb schließlich als Minderheitenregierung bis zum 8.

[187] Reuth, Ralf Georg, 1992: Joseph Goebbels Tagebücher. Band 2: 1930 – 1934, München: Piper, S. 490.

[188] Szejnmann, Claus-Christian, 2000: Vom Traum zum Alptraum. Sachsen in der Weimarer Republik, Dresden: Sächsische Landeszentrale für politische Bildung, S. 113.

März 1933 geschäftsführend im Amt. Die Interessenidentität von SPD und den bürgerlichen Parteien, welche im wesentlichen daraus bestand, die NS-Bewegung von der Macht fern zu halten und Neuwahlen zu verhindern, bescherte der Regierung eine beachtliche Stabilität. Unterdessen wuchs die Partei weiter, in Sachsen lies der „Eintrittsschub“[189] die Mitgliederzahl bis Anfang 1931 auf 27 000 wachsen. Demgegenüber verzeichnete insbesondere die DNVP durch das ganze Jahr 1930 hindurch eine „Austrittswelle“[190]. Alle Anzeichen deuteten auf einen „politischen Erdrutsch“[191] bei den Reichstagswahlen im September 1930 hin. Dieser stellte sich schließlich auch ein. Die NSDAP mobilisierte knapp 6,4 Millionen Deutsche an die Wahlurne, ihre Mandatszahl verneunfachte sich von zwölf auf 107. Binnen dreier Monate baute die NS-Partei ihre Wählerschaft um knapp vier Prozentpunkte aus. In absoluten Wählerzahlen ausgedrückt, mobilisierte sie im September 1930 fast 185 000 Sachsen mehr als noch im Juni, es war daher nicht übertrieben, wenn Hitler bereits von einem „Siegeszug des Nationalsozialismus“[192] schwadronierte.

3.3. Von der Volkspartei zur Massenpartei: Das Entscheidungsjahr 1932

Bis zum nächsten großen Wahl- und Erfolgsjahr der NSDAP gelang es der Partei, große Teile des vorpolitischen Raums zu erobern. Demnach erreichten die Nationalsozialisten schon vor 1932 eine *Machtergreifung* bzw. Meinungsführerschaft in verschiedenen Milieus, Strukturen und Verbänden. Durch diesen Prozess, welchen Vollnhals als „Nazifizierung der Gesellschaft“[193] bezeichnet, war es überhaupt erst möglich, bei den Reichstagswahlen 1932 zur stärksten Partei im höchsten deutschen Parlament aufzusteigen. Seit 1926 installierte die Partei NS-Vorfeldorganisationen in verschiedenste außerparlamentarische Räume, um deren spezifische Interessengruppen und somit auch deren Wählerpotential zu binden. Als Vorbild könnte dafür das sozialistische Vereinsmilieu und die Durchdringung der Arbeiterklasse gedient haben. Exemplarisch soll diese Graswurzelrevolution am Beispiel der sächsischen

---

[189] Vollnhals, Clemens, 2002: Der gespaltene Freistaat: Der Aufstieg der NSDAP in Sachsen, in: Derselbe (Hrsg.): Sachsen in der NS-Zeit, Leipzig: Gustav Kiepenheuer Verlag GmbH, S. 29.

[190] Szejnmann, Claus-Christian, 2000: Vom Traum zum Alptraum. Sachsen in der Weimarer Republik, Dresden: Sächsische Landeszentrale für politische Bildung, S. 111.

[191] Thamer, Ulrich, 2002: Der Nationalsozialismus, Stuttgart: Reclam, S. 83.

[192] Horn, Wolfgang, 1980: Der Marsch zur Machtergreifung. Die NSDAP bis 1933, Düsseldorf: Athenäum/ Droste, S. 331.

[193] Vollnhals, Clemens, 2002: Der gespaltene Freistaat: Der Aufstieg der NSDAP in Sachsen, in: Derselbe (Hrsg.): Sachsen in der NS-Zeit, Leipzig: Gustav Kiepenheuer Verlag GmbH, S. 29.

Universitäten, insbesondere der von Dippoldiswalde nur 25 km entfernten Technischen Universität Dresden, analysiert und bewertet werden.

Die *Machtergreifung* der Studentenbewegung

Fiel es den Nationalsozialisten in einigen Milieus, so zum Beispiel im katholischen, äußerst schwer, sich zu integrieren und Fuß zu fassen, so trifft dies für die deutsche Hochschullandschaft keineswegs zu. Ganz im Gegenteil, die Universitäten erwiesen sich schon frühzeitig als „Zentren [...] des Nationalsozialismus“[194] und das blieben sie auch bis 1945. Der Historiker Reiner Pommerin betont dabei jedoch die Notwendigkeit der Differenzierung zwischen Professoren und Studenten, die beim Aufstieg des Nationalsozialismus an der Technischen Hochschule Dresden beachtet werden muss.[195] Tatsächlich gibt es bezüglich der Affinitäten zur NS-Idee diese beträchtlichen Unterschiede zwischen den beiden Hochschulgruppen nicht nur in Sachsen. Nicht von ungefähr kommen daher die umstrittenen Thesen von Götz Aly, welcher in seinem Buch *Unser Kampf* die Studentenbewegung der 33er mit der 68er vergleicht. Auch bei der nationalsozialistischen Studentenbewegung handelte es sich demnach um eine Form der Protestgeneration, die mit den AStA-Wahlen von 1929 begann, und einen „Sturm auf die Hochschulen“[196] lostreten sollte. Weitere Ähnlichkeiten erkennt Aly auch in der „Mobilisierungstechnik, des politischen Utopismus und des antibürgerlichen Impetus“[197]. Tatsächlich gab es auch inhaltlich Parallelen zwischen den Dreiunddreißigern und den Achtundsechzigern, beide forderten eine Hochschulreform, welche die Standesunterschiede nivellieren sollte und sich gegen ein „kapitalistisches Bildungsmonopol“[198] richtete. Auch von den nationalsozialistischen Studierenden selbst wurde die Campusrevolte als Generationskonflikt bewertet: „Der Zusammenstoß zwischen altem und neuem Geist war daher geschichtlich unvermeidlich.“[199]
Die „Spitzenposition“[200] der nationalsozialistischen Studentenbewegung hielt Erlangen, dass schon bei den Studentenschaftswahlen im Wintersemester 1929/30 eine absolute nationalsozialistische Mehrheit im AStA zu spüren bekam. Ein Jahr später konnte diese

[194] Lienert, Matthias, 1995: Der Einfluss des Nationalsozialismus auf die Technische Hochschule Dresden während der Weimarer Republik, in: Neues Archiv für sächsische Geschichte 66, S. 274.
[195] Vgl.: Pommerin, Reiner, 2003: Geschichte der TU Dresden 1828 – 2003, Köln: Böhlau Verlag, S. 160.
[196] Bracher, Karl Dietrich, 1984: Die Auflösung der Weimarer Republik. Eine Studie zum Problem des Machtverfalls in der Demokratie, Düsseldorf: Droste Verlag, S. 133.
[197] Aly, Götz, 2008: Unser Kampf. 1968 – ein irritierter Blick zurück, Frankfurt am Main: S. Fischer Verlag, S. 170.
[198] Ebenda, S. 175.
[199] Zitiert nach: Faust, Anselm, 1973: Der Nationalsozialistische Studentenbund. Band 1, Düsseldorf: Pädagogischer Verlag Schwann, S. 9.
[200] Anselm, Faust, 1973: Der Nationalsozialistische Studentenbund. Band 2, Düsseldorf: Pädagogischer Verlag Schwann, S. 7.

universitätsparlamentarische Verankerung mit einer Zweidrittelmehrheit sogar noch ausgebaut werden. Zeitgleich eroberten auch die Kommilitonen an der Technischen Hochschule Berlin die Zweidrittelmehrheit, während Breslau knapp darunter blieb. In zahlreichen deutschen Universitäten bekam der NSDStB mehr als 50 Prozent, nur die katholisch geprägten Hochschulen, „wo allerdings parteipolitische Listen verboten waren und der Studentenbund mit seiner Liste nationalistischer Studenten in der Propaganda gehandicapt war"[201] offenbarten eine gewisse Resistenz. In der Folge gelang es dem NS-Studentenbund, „nicht nur die weitgehend völkisch-nationalistisch gerichteten Korporations- und Burschenschaftsverbände, sondern auch den [...] Deutschen Studentenbund vor seinen Wagen zu spannen"[202]. Während die Turner- und Burschenschaften mit den Nationalsozialisten koalierten und taktische Bündnisse eingingen, gerieten diese Bündnisse selbst ins nationalsozialistische Fahrwasser. Über die AStA-Wahlerfolge konnte der NSDtB schließlich auch die Mehrheiten in der studentischen Dachorganisation verändern. In Zusammenarbeit mit den Korporationen gelang es ihnen schließlich, schon im Juli 1931 den Vorsitzenden des zentralen Studentenparlaments zu stellen. Die *Machtergreifung* in der Hochschullandschaft war somit in nur fünf Jahren abgeschlossen: „Nach nur fünfjährigem Bestehen war mit der einstimmigen Wahl Walter Lienaus zum ersten Vorsitzer sowie Askevolds und Gierlichs zu seinen Stellvertretern die nationalsozialistische Mehrheit in der Dachorganisation der deutschen Studenten auch der breiteren Öffentlichkeit dokumentiert."[203] Erst 1926 hatten sich erste NS-Studentengruppen organisiert. Sachsen hatte hierbei eine Vorreiterrolle gespielt. Neben Leipzig, wo sich der NSDStB 1926 überhaupt erst gegründet hatte, unterhielten die rechtsextremen Studenten seit November 1926 auch in Dresden eigene Räume auf der Nürnberger Straße. Von dort aus wurden die zahlreichen Aktionen und Aktivitäten organisiert. Insbesondere wurden die *Kriegshelden* des 1. Weltkrieges glorifiziert, einer Generation von der die gesamte *Generation der Zuhausgebliebenen* schwärmte. Dazu nutzte der NSDStB die ablehnende Haltung des AStAs zur Langemarckfeier, um gegen das Studentenparlament öffentlichkeitswirksam zu opponieren.[204] Der große Aktionismus des Bundes wirkte auf die angehenden Akademiker anziehend: „Der Einfluß auf die Studenten verlagerte sich dabei immer mehr von traditionellen studentischen Organisationen, von denen

---

[201] Ebenda, S. 8.

[202] Bracher, Karl Dietrich, 1984: Die Auflösung der Weimarer Republik. Eine Studie zum Problem des Machtverfalls in der Demokratie, Düsseldorf: Droste Verlag, S. 132.

[203] Anselm, Faust, 1973: Der Nationalsozialistische Studentenbund. Band 2, Düsseldorf: Pädagogischer Verlag Schwann, S. 21.

[204] Für eine ausführliche Analyse um die Geschichte der Langemarckfeier an der TH Dresden: Lienert, Matthias, 1995: Der Einfluss des Nationalsozialismus auf die Technische Hochschule Dresden während der Weimarer Republik, in: Neues Archiv für sächsische Geschichte 66, S. 280.

es Ende der zwanziger Jahre an der Hochschule immerhin 33 studentische Corps, Burschenschaften, Landsmannschaften, Turnerschaften, Sängerschaften und ein Jagdkorps gab, zu der am 15. November 1926 gegründeten Hochschulgruppe des NSD Studentenbundes mit Sitz in der Nürnberger Straße."[205] Im Wintersemester 1931/32 fand diese Entwicklung auch in Dresden ihren Abschluss. Von den 20 möglichen Kammersitzen des Studentenparlaments erreichte der NSDStB zwölf.[206]

Im Gegensatz zum reichsweiten Eindruck, wo die Professorenschaft dem NS-Gedanken mehrheitlich abstinent bis ablehnend gegenüber stand, lassen sich Hinweise finden, dass Dresden für die nationalsozialistische Hochschullehrerschaft in etwa so bedeutend war, wie Erlangen für die nationalsozialistische Studentenschaft. In der sächsischen Landeshauptstadt wirkten hoch angesehene Akademiker schon in den zwanziger Jahren für die Hitlerbewegung. Populärste Beispiele sind der Hygieniker und Kurator des Deutschen Hygiene-Museums Philalethes Kuhn sowie der Philosoph und ausgewiesene Nietzsche-Experte Alfred Baumler. Dank solcher anerkannter Persönlichkeiten konnte das nationalsozialistische Gedankengut schon während der Weimarer Republik in der Dresdner Hochschullandschaft salonfähig werden. Es ist daher nicht allzu verwunderlich, wenn sich unter den 51 Professoren, welche im Völkischen Beobachter im Vorfeld der Juliwahlen 1932 die *Erklärung deutscher Universitäts- und Hochschullehrer* unterschrieben[207], elf Dresdner Professoren befanden.[208] Speziell für die TH Dresden lässt sich daher konstatieren, dass die Hochschullehrerschaft dem Nationalsozialismus wesentlich offener gegenüber stand als in den meisten anderen Universitätsstädten. Von daher fällt die von Pommerin analysierte Differenzierung zwischen Professoren- und Studentenschaft in Dresden wesentlich unschärfer aus. Jedoch muss eingeworfen werden, dass der organisierte Nationalsozialismus, absolut gesehen, keineswegs Bewegungs-Charakter in der Professorenschaft besaß. Zwar hatte die NSDAP in Sachsen im WS 1932/33 20 Namen von Professoren in ihren Karteien abgeheftet, die KPD hatte zu diesem Zeitpunkt kein Mitglied in diesen Reihen, die SPD lediglich zwei, in Anbetracht der insgesamt 519 sächsischen Hochschullehrer stellt das aber nicht einmal einen Anteil von vier Prozent dar.[209] Anhand dieser Zahlen lässt sich vielmehr eine Politikverdrossenheit dieser sozialen Gruppe konstatieren. Für die Weimarer Republik ist es umso deprimierender, dass

[205] Ebenda, S. 278.

[206] Vgl.: Pommerin, Reiner, 2003: Geschichte der TU Dresden 1828 – 2003, Köln: Böhlau Verlag, S. 163.

[207] Und sich damit für die Wahl der NSDAP aussprachen.

[208] Vgl.: Lienert, Matthias, 1995: Der Einfluss des Nationalsozialismus auf die Technische Hochschule Dresden während der Weimarer Republik, in: Neues Archiv für sächsische Geschichte 66, S. 239.

[209] Vgl.: Parak, Michael, 2004: Hochschule und Wissenschaft in zwei deutschen Diktaturen. Elitenaustausch an sächsischen Hochschulen 1933 – 1952, Köln: Böhlau Verlag, S. 71.

„aus der Ablehnung der Weimarer Republik bei vielen Hochschullehrern durchaus Berührungspunkte zu den Versprechungen der NSDAP“[210] entstanden. Die Republikfeindlichkeit wirkte in der Professorenschaft also nicht wie ein Makel, sondern eher wie ein Aushängeschild mit einer gesellschaftlichen Brückenfunktion. Neben den Universitäten gab es noch viele andere Milieus, deren Analyse an dieser Stelle deutlich gemacht hätte, wie weit die Vorfeldorganisationen der Nationalsozialisten die sächsische Gesellschaft innerhalb von zwei Jahren durchdrungen hatten. Da ist zum Beispiel noch der 1929 von Alfred Rosenberg gegründete *Kampfbund deutscher Kultur*, welcher den Kampf um die kulturelle Hegemonie einleitete. Nicht erfolglos, wie sich an einem Landtagsbeschluss des Jahres 1930 ersehen lässt, als das Parlament den in nationalen Kreisen verschmähten Roman *Im Westen nichts Neues* aus dem Lehrplan nahm. Auch Walther Darrés parteinaher *Agrarpolitischer Apparat* mit seiner *Blut und Boden*-Ideologie durchdrang den ländlichen Raum im Eiltempo. Während der *Sächsische Landbund* und andere landwirtschaftliche Verbände ab 1930 scharenweise Mitglieder verloren, erreichten die Nationalsozialisten bei der Wahl zur Landwirtschaftskammer schon 1931 22 von 41 Sitzen.[211] Ähnliche Entwicklungen gab es auch in der Industrie- und Handelskammer sowie unter den Geistlichen und in vielen anderen Verbänden bzw. sozialen Gruppen: „The Nazis continued to set up more specialist interest groups for farmers, teachers, doctors, lawyers, stenographs, children, musicans, and many more.“[212] Allein diese Nazifizierung der sächsischen Gesellschaft bedarf einer weiteren großen geschichtswissenschaftlichen Arbeit, welche versucht, alle gesellschaftlich relevanten Milieus und Gruppen in die Fragestellung zu integrieren. Trotz der nationalen Graswurzelrevolution hatte die NSDAP in Sachsens Establishment noch mächtige Gegner. Über die Verhältnisse in der Region Leipzig schreibt der Dresdner Politikwissenschaftler und Historiker Andreas Peschel: „Leipzig verfügte mit dem Polizeipräsidenten Heinrich Fleißner über einen sozialdemokratischen Amtsträger, der konsequent die Spielräume zugunsten von SPD-Veranstaltungen ausschöpfte und andererseits der NSDAP mehrfach Steine in den Weg legen konnte.“[213]

---

[210] Ebenda, S. 74.

[211] Vollnhals, Clemens, 2002: Der gespaltene Freistaat: Der Aufstieg der NSDAP in Sachsen, in: Derselbe (Hrsg.): Sachsen in der NS-Zeit, Leipzig: Gustav Kiepenheuer Verlag GmbH, S. 32.

[212] Szejnmann, Claus-Christian, 1999: Nazism in central germany. The brownshirts in "red" saxony, Oxford: Berghahn Books, S. 33.

[213] Peschel, Andreas, 2009: Rudolf Haake und die Leipziger NSDAP, in: Stadtgeschichte. Mitteilungen des Leipziger Geschichtsvereins, Markkleeberg: Sax-Verlag, S. 136.

Wahljahr 1932

1932 standen die Nationalsozialisten in Sachsen und im ganzen Reich völlig anderen Bedingungen gegenüber als noch 1930. Aus der einstmals gemiedenen und marginalisierten Randpartei hatte sich jetzt eine Massenbewegung entsponnen. Zahlreiche vorpolitische Strukturen waren von Nationalsozialisten durchdrungen und dominiert, der außerparlamentarische Raum war zu Gunsten der NSDAP politisiert worden. Nur wenige soziale Gruppen konnten sich der nationalsozialistischen Anziehungskraft verweigern. In diesem Klima konnte das Wahljahr 1932 ein für die Hitlerbewegung erfolgreiches werden, jedoch nicht für die Republik und ihre Sympathisanten. Deren Ablehnung wurde im zunehmenden Maße als Konsens empfunden. Hatte die sächsische NSDAP im Sommer 1930 bereits 12 000 Mitglieder organisiert, waren es im Frühjahr 1931 schon 27 000 Parteigenossen, die in 500 Ortsgruppen arbeiteten. Zu Beginn in dem von ständigen Wahlkämpfen geprägtem Entscheidungsjahr 1932 standen den Nationalsozialisten 780 Ortsgruppen beiseite, in denen 70 000 Mitglieder registriert waren.[214] Damit besaß die NSDAP bereits eine effektivere Infrastruktur als die KPD, welche in Sachsen nur 600 Ortsgruppen zählte: „Although the Nazis had become the most active political force, compared with the mighty SPD apparatus it was still lagging behind in terms of members and party branches at the end of 1932."[215] Aufgrund der momentanen Stärke der Hitlerbewegung, die sich, so Hitler, „einen Meter vor dem Sieg"[216] befand, sah sich selbst die SPD gezwungen, den monarchistisch eingestellten Paul von Hindenburg bei der letzten Reichspräsidentenwahl zu unterstützen. Bereits in den frühen Märztagen lockten bekannte NS-Parteiredner wie Goebbels oder Hitler große Menschenmassen zu den Wahlkampfveranstaltungen der Partei. Dabei fanden sich auch prominente Mitstreiter, welche sich öffentlich zum Nationalsozialismus bekannten. So zum Beispiel der vierte Sohn des letzten deutschen Kaisers August Wilhelm von Preußen, welcher bereits seit 1930 Parteimitglied war und in den Wahlkämpfen als Zuschauermagnet und Stimmenfänger genutzt wurde: „Sein Auftritt in der braunen Uniform eines SA-Standartenführers sollte die Vereinigung des *alten* mit dem *neuen* Deutschland symbolisieren."[217] Am Wahlabend des 13. März 1932 hatte Hitler knapp ein Drittel der Stimmen auf sich vereinigt. Angesichts der hochgeputschten Erwartungen, welche

---

[214] Lapp, Benjamin, 1998: Der Aufstieg des Nationalsozialismus in Sachsen, in: Pommerin, Rainer (Hrsg.): Dresden unterm Hakenkreuz, Köln: Böhlau Verlag, S. 14.

[215] Szejnmann, Claus-Christian, 1999: Nazism in central germany. The brownshirts in "red" saxony, Oxford: Berghahn Books, S. 34.

[216] Zitiert nach: Longerich, Peter, 1989: Die braunen Bataillone. Geschichte der SA, München: C.H. Beck, S. 152.

[217] Vollnhals, Clemens, 2002: Der gespaltene Freistaat: Der Aufstieg der NSDAP in Sachsen, in: Derselbe (Hrsg.): Sachsen in der NS-Zeit, Leipzig: Gustav Kiepenheuer Verlag GmbH, S. 34.

die Hitlerbewegung in diesen Wahlgang gesetzt hatte, verfiel die Partei zunächst in eine tiefe Depression. Goebbels notierte dazu in sein Tagebuch: „Wir sind geschlagen; furchtbare Aussichten. [...] Unsere Parteigenossenschaft ist auf das tiefste deprimiert und mutlos."[218] Selbst der spätere NS-Historiker Walter Frank gab unumwunden zu, dass „der Weg der NSDAP während des ganzen Jahres 1932 durch eine latente Krisensituation hindurchgeführt hatte"[219]. Mit Blick auf den Siebenjährigen Krieg sei der erste Reichspräsidentenwahlgang das „Kunersdorf des Nationalsozialismus"[220] gewesen. Diese Bewertungen sind umso erstaunlicher, als dass Hitler selbst stets einen drohenden Zerfall bestritt und den Weg der Kampfzeit im Rückblick deterministisch in der Machtergreifung enden sah. Trotz der persönlichen Niederlage des *Führers* und der parteiinternen Zwistigkeiten war es der Partei gelungen neue Bevölkerungsteile zu mobilisieren. Immerhin war die NSDAP nun stärkste Partei in Sachsen geworden. Blieb sie in den Wahlkreisen Leipzig und Dresden noch unter dem Reichsdurchschnitt, gelang ihr im Wahlkreis Chemnitz-Zwickau mit knapp 41 Prozent das nach Schleswig-Holstein reichsweit zweitbeste Ergebnis. Dieser Wahlkreis gehörte nun zu einem von drei Abstimmungsbezirken, in denen Adolf Hitler vor Hindenburg lag.[221] Da kein Bewerber die absolute Mehrheit auf sich vereinigen konnte, kam es zu einem zweiten Wahlgang, in dem Hitler auf die zusätzlichen Stimmen des nicht mehr kandidierenden Stahlhelmkandidaten Theodor Duesterberg hoffen konnte. Die NSDAP entwickelte modernste Formen des Wahlkampfes und setzte tatsächlich Maßstäbe. Mit Hitlers Aufbruch zum ersten Deutschlandflug schien die Propaganda das letzte Perfektionsstadium erreicht zu haben. Am 3. April sprach Hitler schließlich an nur einem Tag in Dresden, Leipzig, Chemnitz und Plauen und brach mit insgesamt 280 000 Zuhörern den Besucherrekord.[222] Die erneute Massenmobilisierung riss die Partei wieder aus ihrer Lethargie. Szejnmann verweist in seinen Studien dabei insbesondere auf die Jugendlichkeit der Hitlerbewegung, ein Faktor, der gerade im Hinblick auf dynamische Wahlkampfelemente keineswegs irrelevant ist: „Die NSDAP-Landtagsfraktion bestand aus einer Gruppe von Leuten nicht älter als Anfang 30, das durchschnittliche Eintrittsalter in die NSDAP betrug 30 Jahre, und viele Mitglieder der SA waren gerade mal 20 Jahre alt."[223] Die ständige Politisierung durch die Wahlkämpfe konnte

---

[218] Reuth, Ralf Georg, 1992: Joseph Goebbels Tagebücher. Band 2: 1930 – 1934, München: Piper, S. 630.
[219] Zitiert nach: Horn, Wolfgang, 1980: Der Marsch zur Machtergreifung. Die NSDAP bis 1933, Düsseldorf: Athenäum/ Droste, S. 421.
[220] Zitiert nach: Ebenda.
[221] Vollnhals, Clemens, 2002: Der gespaltene Freistaat: Der Aufstieg der NSDAP in Sachsen, in: Derselbe (Hrsg.): Sachsen in der NS-Zeit, Leipzig: Gustav Kiepenheuer Verlag GmbH, S. 35.
[222] Vgl.: Szejnmann, Claus-Christian, 2000: Vom Traum zum Alptraum. Sachsen in der Weimarer Republik, Dresden: Sächsische Landeszentrale für politische Bildung, S. 131.
[223] Ebenda.

daher von der Hitlerbewegung am effektivsten genutzt werden. Hitler gelang es, die Stimmen von Duesterberg zu mobilisieren und erreichte insgesamt 36,8 Prozent der deutschen Wähler. Wieder lag der Wahlkreis Chemnitz-Zwickau mit 47,2 Prozent deutlich über dem reichsweiten Schnitt, während Leipzig mit 34,2 Prozent unter dem und Dresden-Bautzen mit 36,7 genau im Reichsdurchschnitt lagen.[224]

Tab.3: Sächsisches Wahlergebnis für Adolf Hitler im zweiten Wahlgang der Reichspräsidentenwahl 1932.

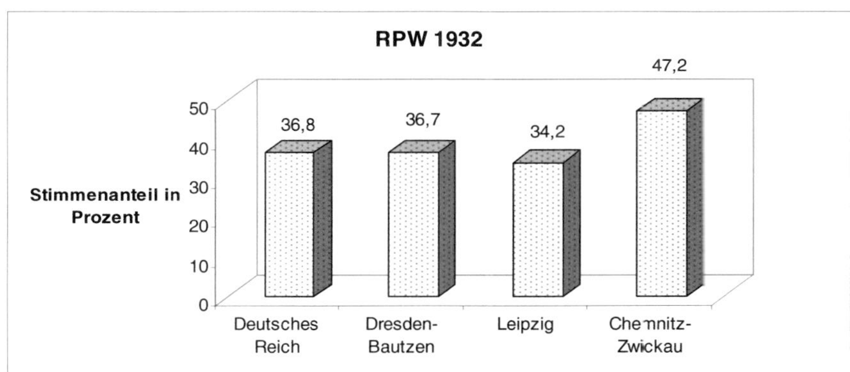

Trotz des Wahlergebnisses hatte Hitler sein Ziel verfehlt. Wie schon nach dem ersten Wahlgang tat sich in der aktionssüchtigen nationalsozialistischen Bewegung eine Lücke auf, war sie doch auf die permanente Politisierung und Mobilisierung ihrer Klientel angewiesen. Ein politisches Sommerloch drohte den Fanatismus der ideologisierten Anhängerschaft zu entradikalisieren und ihr Aktionspotential, von dem die Hitlerbewegung so lebensnotwendig zehrte, abzuschwächen. Hinzu kam noch die anhaltende Wirtschaftskrise, die es zu nutzen galt: „Mehr als alle anderen Parteien waren die Nationalsozialisten in der Lage, aus der Frustration und der Angst in dieser Zeit Kapital zu schlagen."[225] Vor diesem Hintergrund kam der NS-Bewegung der Sturz der Reichsregierung Brüning im Mai 1932 mehr als entgegen. Abermals sollte es einen Wahlkampf geben, in dem die NSDAP Gelegenheit hatte, ihre Gefolgschaft politisiert zu halten. Ein wegen des bürgerkriegsähnlichen Wahlkampfes im April 1932 von Brüning erlassenes Verbot von SA und SS wurde bereits im Juni von

[224] Vollnhals, Clemens, 2002: Der gespaltene Freistaat: Der Aufstieg der NSDAP in Sachsen in: Derselbe (Hrsg.): Sachsen in der NS-Zeit, Leipzig: Gustav Kiepenheuer Verlag GmbH, S. 35.
[225] Lapp, Benjamin, 1998: Der Aufstieg des Nationalsozialismus in Sachsen, in: Pommerin, Reiner (Hrsg.): Dresden unterm Hakenkreuz, Köln: Böhlau Verlag, S. 14.

Brünings Nachfolger Franz von Papen wieder aufgehoben. Die paramilitärischen Kampfverbände waren für den Wahlkampf der NSDAP äußerst wichtig. So kam es im Vorfeld der Reichtagswahl wiederholt zu bürgerkriegsähnlichen Zusammenstößen zwischen dem *Roten Frontkämpferbund* (RFB), SA, *Stahlhelm*, *Reichsbanner* und Polizisten mit insgesamt mehr als 300 Toten. Die zahlreichen Vorkommnisse wusste die nationalsozialistische Propaganda geschickt zu nutzen: „Denn in der Bevölkerung, besonders im Bürgertum, verstärkten solche Straßenschlachten den Eindruck, der republikanische Staat sei zu schwach und ohnmächtig, um Ruhe und Ordnung zu garantieren; Rettung vor dem drohenden Bürgerkrieg sei nur von einem zu allem entschlossenen *Führer* zu erwarten."[226] Damit profitierten die Nationalsozialisten vom innenpolitischen Chaos, indem sie sich als eigentliche Ordnungsmacht darstellten. Die Partei Hitlers ließ die Konkurrenz hinsichtlich der politischen Agitation abermals im Schatten stehen. Im Gegensatz zur „relativen Passivität"[227] der bürgerlichen Parteien hielt die NSDAP „eine ständige Präsenz aufrecht und intensivierte diese Anwesenheit noch vor den Wahlen"[228]. Einerseits brachten die Wahlen vom 31. Juli 1932 den Nationalsozialisten eine Verdopplung der Reichstagsmandate. Bei einer außergewöhnlich hohen Wahlbeteiligung von 84 Prozent entfielen fast 14 Millionen Stimmen auf die Hitlerbewegung. Auch in Sachsen wurde die Siegesserie fortgeschrieben. Im Wahlkreis Zwickau-Chemnitz erhielt die Partei 47 Prozent der Stimmen. Auch im Wahlkreis Dresden-Bautzen lag sie mit 39,3 Prozent deutlich über dem reichsweiten Schnitt. Nur in Leipzig lag die Partei mit 36,1 Prozent noch knapp unter dem Gesamtergebnis.[229] Andererseits wurde das konkave Wachstum der Stimmen deutlich von einem konvexen abgelöst. Die Dynamik der Partei Hitlers schien an ihre Grenzen gestoßen zu sein, sie war kaum über die Ergebnisse des Frühjahres hinausgekommen: „Gegenüber der Preußenwahl vom April hatte sie nur ein Prozent, gegenüber der Reichspräsidentenwahl nur rund 300 000 Stimmen hinzugewonnen [...] eine kaum zu überwindende Barriere im Kampf um Wählerstimmen stellten vor allem das fest gefügte katholische Wählermilieu und das Lager der organisierten Arbeiterschaft dar."[230] Auch Bracher erkennt in dem Wahlergebnis eine

---

[226] Grevelhörster, Ludger, 2003: Kleine Geschichte der Weimarer Republik. Ein problemgeschichtlicher Überblick, Münster: Aschendorff Verlag, S. 174.
[227] Lapp, Benjamin, 1998: Der Aufstieg des Nationalsozialismus in Sachsen, in: Pommerin, Reiner (Hrsg.): Dresden unterm Hakenkreuz, Köln: Böhlau Verlag, S. 14.
[228] Ebenda.
[229] Vgl.: Ebenda, S. 23.
[230] Vollnhals, Clemens, 2002: Der gespaltene Freistaat: Der Aufstieg der NSDAP in Sachsen, in: Derselbe (Hrsg.): Sachsen in der NS-Zeit, Leipzig: Gustav Kiepenheuer Verlag GmbH, S. 38.

„Versteifung und Sättigung der einzelnen Parteien“[231]. Der Legalitätskurs wurde infolge dessen wieder verstärkt in Frage gestellt, parteiinterne Gegensätze wuchsen. Da der Durchbruch zur absoluten Mehrheit abermals verpasst wurde und keine weiteren Zuwachsraten abzusehen waren, „mussten erneut Zweifel nähren, ob die NSDAP überhaupt durch Wahlen an die Macht zu bringen wäre“[232]. Mit der brüsken Ablehnung Hindenburgs, Hitler zum Reichskanzler zu ernennen, war auch das Führerimage beschädigt: „Ich kann doch nicht das Reich Kaiser Wilhelms und Bismarcks einem böhmischen Gefreiten anvertrauen.“[233] Hinter dem zweitmächtigsten NS-Funktionär Gregor Strasser begannen sich die Kritiker von Hitlers Legalitätskurs zu sammeln. Die innerparteiliche Autorität des *Führers* wurde durch diese Zwistigkeiten zusehends untergraben: „So wird es besonders in der zweiten Hälfte des Jahres 1932 tatsächlich viele in der NSDAP gegeben haben, die in Gedanken Anführungszeichen setzten, wenn sie vom Führer sprachen, aber faute de mieux, angesichts des tatsächlichen oder scheinbaren Mangels politischer Alternativen, an Hitler festhielten.“[234] Andererseits besaß das Kabinett von Papen ohne die NSDAP keine parlamentarische Mehrheit. Nach dem ersten Zusammentreten des neuen Reichtages sprach eine überwältigende Mehrheit des Parlaments, das zusammen mit KPD und DNVP nun mehrheitlich aus Anti-System-Parteien bestand, dem Reichskanzler das Misstrauen aus. Ein weiteres Mal mussten die Nationalsozialisten ihre Gefolgschaft in den Wahlkampf peitschen. Der eintretenden Politikverdrossenheit und Wahlmüdigkeit konnten die Parteifunktionäre nun aber weniger entgegensetzen als noch in früheren Wahlkämpfen: „Denn die Reichspräsidentenwahl und Landtagswahlen [nicht so in Sachsen, Anm. des Autors] im Frühjahr eingerechnet waren die Deutschen inzwischen schon zum fünften Mal in Jahresfrist zur Wahlurne gerufen worden.“[235] Der Wahl blieben folglich 1,6 Millionen Menschen mehr fern als noch zur Juliwahl. Dieser Rückgang schädigte vor allem die NSDAP, die gegenüber der letzten Reichstagswahl über zwei Millionen Wähler verlor. Die Hitlerpartei verdankte allein den Kommunisten, dass ihr weitere Bedeutung zukam. Weil die KPD Wähler dazu gewonnen hatte, behielten die Anti-System-Parteien ihre Blockademehrheit. Um ein erneutes Wahljahr und damit einhergehende bürgerkriegsähnliche Zustände zu vermeiden, mussten die konservativen bürgerlichen Kräfte mit dem aus ihrer Sicht kleineren Übel, den

---

[231] Bracher, Karl Dietrich, 1984: Die Auflösung der Weimarer Republik. Eine Studie zum Problem des Machtverfalls in der Demokratie, Düsseldorf: Droste Verlag, S. 535.
[232] Longerich, Peter, 1989: Die braunen Bataillone. Geschichte der SA, München: C.H. Beck, S. 153.
[233] Zitiert nach: Thoß, Hendrik, 2008: Demokratie ohne Demokraten?, Berlin: be.bra verlag, S. 162.
[234] Horn, Wolfgang, 1980: Der Marsch zur Machtergreifung. Die NSDAP bis 1933, Düsseldorf: Athenäum/ Droste, S. 419.
[235] Grevelhörster, Ludger, 2003: Kleine Geschichte der Weimarer Republik. Ein problemgeschichtlicher Überblick, Münster: Aschendorff Verlag, S. 174.

Nationalsozialisten, kooperieren. Angesichts dieser Konstellation scheint die Mär vom „triumphalen, unaufhaltsamen Siegeszug der NSDAP“[236] absurd, viel eher trifft die Einschätzung Longerichs, dass das Jahr 1932 im Ganzen betrachtet eine „Zitterpartie“[237] für die nationalsozialistische Bewegung darstellte.

3.4. Der Zugriff der NSDAP auf die staatliche Verwaltung

Mit der Ernennung Adolf Hitlers zum deutschen Reichskanzler hatte das einstmals *rote Sachsen* noch nicht aufgehört zu existieren. Gerade in Sachsen war die Machtergreifung keineswegs abgeschlossen. Ganz im Gegenteil, nicht alle Berufsverbände waren nationalsozialistisch infiltriert worden. In einigen Gegenden verfügte die sozialistische Arbeiterbewegung noch über „treue Anhänger und mächtige Organisationen“[238]. Allerdings waren diese Regionen nunmehr Flecken geworden, die meisten proletarischen Gegenden hatten sich braun eingefärbt. Als Beispiele für resistente sozialistische Milieustrukturen im näheren Umfeld der Stadt Dippoldiswalde bieten sich Freital und Bannewitz an. In Bannewitz, dem *Tal der Arbeit*, erreichten die Nationalsozialisten noch bei den Märzwahlen 1933 lediglich 17,3 Prozent der Stimmen[239] und in Freital, dem *roten Wien am Windberg*, hatten die Linksparteien im November 1932 noch knapp 70 Prozent der Wähler[240] an die Wahlurnen mobilisiert. Wie diese beiden Kommunen zählten nach dem 30. Januar 1933 mehrere Regionen Sachsens nun zu den „größten Bollwerken gegen den Nationalsozialismus“[241]. Viel entscheidender war aber, dass die sächsischen Nationalsozialisten im Gegensatz zu ihren Parteigenossen in Anhalt, Preußen, Thüringen, Mecklenburg-Schwerin und Oldenburg von den Schalthebeln der Macht noch weit entfernt waren. Alle Interventionen seitens der Hitlerpartei den Landtag in Dresden aufzulösen und Neuwahlen anzusetzen, scheiterten an den stabilen parlamentarischen Mehrheitsverhältnissen. Mit der Kanzlerschaft Hitlers verschob sich allerdings auch das Machtgefüge in Sachsen. Zum einen fürchtete das *Beamtenkabinett* um Schieck angesichts des Preußenschlags und den

---

[236] Longerich, Peter, 1989: Die braunen Bataillone. Geschichte der SA, München: C.H. Beck, S. 152.
[237] Ebenda.
[238] Szejnmann, Claus-Christian, 2000: Vom Traum zum Alptraum. Sachsen in der Weimarer Republik, Dresden: Sächsische Landeszentrale für politische Bildung, S. 137.
[239] Walter, Franz, 1993: Sachsen und Thüringen: Von Mutterländern der Arbeiterbewegung zu Sorgenkindern der SPD. Einführung und Überblick, in: Derselbe; Dürr, Tobias; Schmidtke, Klaus (Hrsg.): Die SPD in Sachsen und Thüringen zwischen Hochburg und Diaspora, Bonn: Verlag J.H.W. Dietz Nachf. GmbH, S. 106.
[240] Ebenda, S. 95.
[241] Szejnmann, Claus-Christian, 2000: Vom Traum zum Alptraum. Sachsen in der Weimarer Republik, Dresden: Sächsische Landeszentrale für politische Bildung, S. 137.

weiterhin verstärkten Zentralisierungsbestrebungen der Reichsregierung um seine Selbstständigkeit und die des Landes insgesamt. Zum anderen profitierte auch die ansässige Hitlerbewegung von den Entwicklungen auf der Reichsebene. Hatte sich die sächsische Regierung bisher problemlos in ihren Ämtern behaupten können, stand ihr mit der sächsischen NSDAP nun auch noch ein „verlängerter Arm der Reichsregierung“[242] direkt in Sachsen gegenüber. Diese demonstrierte zunächst ihre Stärke, organisierte zur Feier der Kanzlerschaft Massenversammlungen und Fackelmärsche und vereinzelt hissten Ortsgruppen die Hakenkreuzfahne auf Rathäusern, um ihren Führungsanspruch auf den Staat symbolkräftig zu unterstreichen. Prophylaktisch präsentierte sich die Regierung Schieck der Regierung Hitler daher als eine „durchaus national gerichtete Beamtenregierung“[243], jedes Vorgehen seitens der Reichsregierung sollte sich schon im Vorhinein erledigen. Dies gelang anfangs nicht ganz. Nach der Reichtagsauflösung durch Paul von Hindenburg am 1. Februar stand ein neuer Wahlkampf bevor. Um die politische Konkurrenz, insbesondere die KPD, entscheidend zu schwächen und einen tatsächlich empfundenen, aber nicht realen Putschversuch abzuwehren, schränkte die *Verordnung des Reichspräsidenten zum Schutze des Deutschen Volkes* vom 4. Februar 1933 die Versammlungs- und Pressefreiheit im Namen der öffentlichen Sicherheit massiv ein. Die vom Reichspräsidenten Hindenburg, vom Reichskanzler Hitler, vom Reichsjustizminister Gürtner und vom Reichsinnenminister unterzeichnete Verordnung ging auf Überlegungen der Regierung Schleicher zurück. Jetzt bildete sie den rechtlichen Rahmen für die erste Phase der institutionellen *Machtergreifung*. Die unklare Formulierung der Verordnung überließ den Ländern und auch den einzelnen Amthauptmannschaften einen eigenen Interpretationsspielraum. Der preußische kommissarische Innenminister Hermann Göring etwa schöpfte die Verordnung weitesgehend aus. Da aber die sächsischen Behörden nicht genauso konsequent gegen Kommunisten und Sozialdemokraten vorgingen und mit ihrer zurückhaltenden Verbotspraxis Versammlungen nur dann verboten wurden, wenn Zusammenstöße zu erwarten waren, schaltete sich am 21. Februar Frick ein, welcher alle Versammlungen der KPD verbot: „Hier zeigte sich, wie folgenschwer es war, dass diese Schlüsselministerien der inneren Sicherheit zwei Nationalsozialisten anvertraut worden waren.“[244] Im beginnenden Maßnahmenstaat war das Festhalten an rechtlichen Normen nicht mehr situationsgerecht, wenn man den Bestand der eigenen Regierung gegenüber dem Druck der Reichsregierung und der NS-Partei im eigenen

[242] Wagner, Andreas, 2004: Machtergreifung in Sachsen, Köln: Böhlau Verlag, S. 118.
[243] Zitiert nach: Wagner, Andreas, 2002: Partei und Staat. Das Verhältnis von NSDAP und innerer Verwaltung im Freistaat Sachsen 1933 – 1945, in: Vollnhals, Clemens (Hrsg.): Sachsen in der NS-Zeit, Leipzig: Gustav Kiepenheuer Verlag GmbH, S. 42.
[244] Herbst, Ludolf, 1996: Das nationalsozialistische Deutschland, Frankfurt am Main: Suhrkamp, S. 63.

Land sichern wollte. Mit der Einmischung Fricks war das Schreckgespenst der sächsischen Landesregierung einmal mehr zum Vorschein getreten, die Befürchtungen um die bedrohte Selbständigkeit schienen sich zu bestätigen. Berlin hatte damit einmal mehr unmissverständlich zum Ausdruck gebracht, dass man nicht „vor einem Eingreifen in Landesbefugnisse zurückscheute, wenn das Verhalten der betreffenden Landesregierung den eigenen Vorstellungen widersprach“[245]. In der Folgezeit konnte sich die Reichsregierung auch in Sachsen auf einen vorauseilenden Gehorsam verlassen, Berlin sollte jeglicher Grund genommen werden, in die Angelegenheiten des Landes einzugreifen. Im Zuge der Reichtagsbrandverordnung vom 28. Februar, von Ernst Fraenkel die „Verfassungsurkunde“[246] des Dritten Reiches genannt, erweckte die Regierung Schieck den Eindruck, als wolle man der Ernennung eines Kommissars für Sachsen zuvorkommen, indem man härter als zuvor gegen die Feinde des Nationalsozialismus vorging und besonders gründlich die in „rechtliche Formen gegossene Kommunistenjagd“[247] durchführte. Andreas Wagner kommt daher zu dem Schluss, dass die sächsische Regierung „zu einem scheinbar willigen Ausführungsorgan der Reichsregierung geworden war“[248]. Keinesfalls wollte sich das Kabinett nochmals dem nationalsozialistischen Vorwurf des *Freiheitskampfes* ausgesetzt sehen, dass Sachsen ein „Asyl für die zurückflutenden Marxisten“[249] sei, so das Presseorgan im Vorfeld von Fricks Einmischung. Dieser Eindruck bestätigte sich auch, als der „Schrittmacher Preußen“[250] unter Anleitung Görings mit der Aufstellung einer Hilfspolizei begann. Allein im preußischen Apparat befanden sich unter den 50 000 aufgestellten Hilfspolizisten 40 000 SA- und SS-Angehörige: „Die Schlägerbanden der nationalsozialistischen Bewegung erhielten damit polizeiliche Befugnisse.“[251] Nachdem die sächsische Regierung zunächst noch zögerte und die Hilfspolizei der ordentlichen Polizei unterstellte, änderte sie unter dem Eindruck des 21. Februar auch in diesem Punkt ihr Verhalten und schließlich ließ sie auch die sächsische Hilfspolizei von SA und SS aufstellen. Diese Maßnahmen führten dazu, dass die bürgerkriegsähnlichen Zustände des Jahres 1932 an Brutalität zunahmen und eskalierten: „In den Wochen bis zur Wahl gab es in Deutschland 69 politische Morde, 18 der Opfer waren

---

[245] Wagner, Andreas, 2002: Partei und Staat. Das Verhältnis von NSDAP und innerer Verwaltung im Freistaat Sachsen 1933 – 1945, in: Vollnhals, Clemens (Hrsg.): Sachsen in der NS-Zeit, Leipzig: Gustav Kiepenheuer Verlag GmbH, S. 42.
[246] Zitiert nach: Frei, Norbert, 2001: Der Führerstaat. Nationalsozialistische Herrschaft 1933 bis 1945, München: Deutscher Taschenbuchverlag, S. 51.
[247] Ebenda, S. 50.
[248] Wagner, Andreas, 2004: Machtergreifung in Sachsen, Köln: Böhlau Verlag, S. 124.
[249] Zitiert nach: Ebenda, S. 121.
[250] Ebenda, S. 119.
[251] Vgl.: Hildebrand, Klaus, 2003: Das Dritte Reich, München: Oldenbourg Verlag, S. 3.

Nationalsozialisten."[252] Selbst Hitler und Göring persönlich mussten die Braunhemden am Vorabend der Märzwahlen zur Zurückhaltung mahnen. Die Gewaltspirale, in der sich die politischen Gegner verstrickt hatten, schien die staatliche Legitimität und damit auch die nationalsozialistische Herrschaft insgesamt zu gefährden. Es untergrub schlechthin den nationalsozialistischen Anspruch als Ordnungsmacht und Garant für innere Sicherheit und Frieden, nach denen sich so viele Bürger in der Republik sehnten.

Tab.4: Reichtagswahlergebnisse der NSDAP in den sächsischen Wahlbezirken 1924 bis 1933.

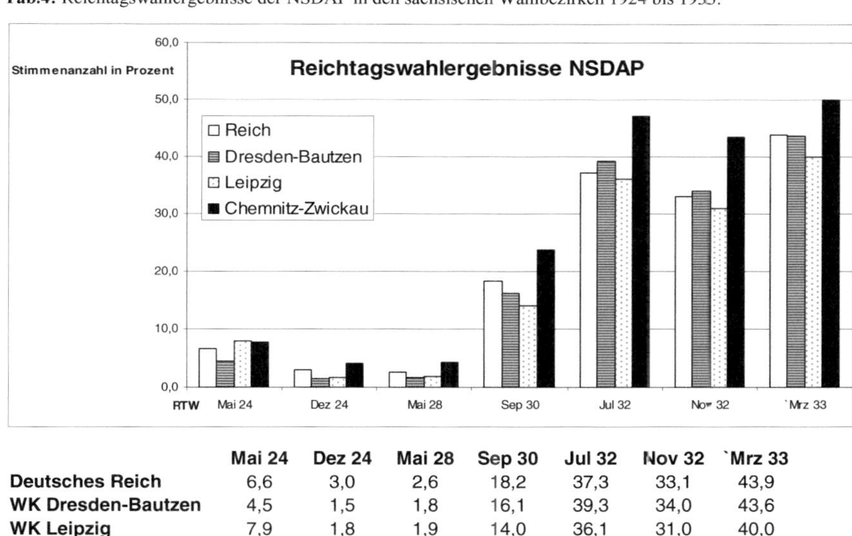

	Mai 24	Dez 24	Mai 28	Sep 30	Jul 32	Nov 32	`Mrz 33
Deutsches Reich	6,6	3,0	2,6	18,2	37,3	33,1	43,9
WK Dresden-Bautzen	4,5	1,5	1,8	16,1	39,3	34,0	43,6
WK Leipzig	7,9	1,8	1,9	14,0	36,1	31,0	40,0
WK Chemnitz-Zwickau	7,7	4,2	4,3	23,8	47,0	43,4	50,0

Bei den Reichstagswahlen am 5. März 1933 war die NSDAP schließlich die einzige Partei, die im Vergleich zu den Novemberwahlen zulegen konnte. In Sachsen insgesamt lag die Partei knapp ein Prozent über dem Reichsdurchschnitt, verfehlte aber auch hier die absolute Mehrheit. Daneben fällt die hohe Varianz der Ergebnisse auf. Während die NSDAP in den Amthauptmannschaften und Städten Südwestsachsens teilweise bis zu 53 Prozent der Stimmen errang, gelang ihr aber auch jetzt noch in einigen traditionellen Bastionen der Sozialdemokratie kein durchschlagender Einbruch. Mit Freital und Bannewitz, die jeweils einen NS-Stimmenanteil von 25,6 bzw. 19 Prozent hatten, lagen zwei der resistentesten

[252] Frei, Norbert, 2001: Der Führerstaat. Nationalsozialistische Herrschaft 1933 bis 1945, München: Deutscher Taschenbuchverlag, S. 49.

Kommunen überhaupt südlich von Dresden und nur ca. 15 km von Dippoldiswalde entfernt.[253] An der Aufgabe der Zurückhaltung seitens der NSDAP im Hinblick auf die Länder konnte dieses regionale Ungleichgewicht allerdings wenig ändern. Immer selbstbewusster und rückhaltloser setzte sie nun die Regierung Schieck unter Druck. Gegenüber Ministerialbeamten, Bürgermeistern und anderen Beamten wurden jetzt, sofern sie nach Meinung der lokal ansässigen NS-Gliederungen dem neuen Staat keine „rückhaltlose Unterstützung"[254] bieten konnten, Rücktrittforderungen laut oder es wurde deren Abberufung gefordert. Parallel dazu kristallisierte sich jenes charakteristische Zusammenwirken „einer gelenkten Revolution von oben und einer manipulierten Revolution von unten"[255] heraus, was für den Prozess der *Machtergreifung* allerorts so typisch wurde. Während örtliche NS-Gliederungen und Verbände auf den Rathäusern Hakenkreuzfahnen hissten und auf den öffentlichen Plätzen Siegesfeiern und Aufmärsche vollzogen, wuchs der Druck aus Berlin, welches der Regierung in Sachsen die Unruhe zum Vorwurf machte. Die endgültige Entmachtung wurde schließlich am 8. März 1933 vollzogen, als Reichskanzler Hitler Manfred von Killinger als Polizeikommissar für Sachsen einsetzte: „Killinger war berufen, jene Bedrohungen zu beseitigen, die durch das gewalttätige Vorgehen der SA-Truppen und lokalen NSDAP-Gliederungen selbst ausgelöst worden waren."[256] Mit dem Kommissariat von Killinger und dessen Zähmung der nationalsozialistischen Revolution begann ab dem 9. März 1933 die NS-Herrschaft in Sachsen. Der nun machtlosen Regierung blieb nicht viel mehr übrig, als tags darauf zurückzutreten.

---

[253] Vgl.: Wagner, Andreas, 2004: Machtergreifung in Sachsen, Köln: Böhlau Verlag, S. 136.

[254] Wagner, Andreas, 2001: Mutschmann gegen von Killinger. Konfliktlinien zwischen Gauleiter und SA-Führer während des Aufstiegs der NSDAP und der *Machtergreifung* im Freistaat Sachsen, Leipzig: Sax-Verlag Beucha, S. 79.

[255] Ebenda, S. 79.

[256] Wagner, Andreas, 2002: Partei und Staat. Das Verhältnis von NSDAP und innerer Verwaltung im Freistaat Sachsen 1933 – 1945, in: Vollnhals, Clemens (Hrsg.): Sachsen in der NS-Zeit, Leipzig: Gustav Kiepenheuer Verlag GmbH, S. 43.

C. Die Machtergreifung in Dippoldiswalde

1. Sozioökonomische und politische Ausgangslage

Für eine präzise und korrekte Bewertung der Vorgänge während der *Machtergreifung* in Dippoldiswalde bzw. für eine sinnvolle und adäquate Einordnung des zu untersuchenden Fallbeispiels ist eine Milieuanalyse von großer Bedeutung. Um bestimmte politische Verhältnisse in der Region bewerten bzw. einordnen zu können, dient der kognitive Rahmen der Dippoldiswalder Gesellschaft als Analyseinstrument. Die Frage muss daher lauten: Inwiefern entsprechen die sozialen, ökonomischen und religiösen Gegebenheiten dem im ersten Kapitel erarbeiteten sächsischen Muster?

1.1. Industrialisierungsgrad und Wirtschaft

Nachforschungen über die Industrialisierungsgeschichte von Dippoldiswalde erweisen sich als schwierig. Dies ist der Tatsache geschuldet, dass größere Industrieanlagen, welche Chroniken hätten selbst verfassen können, nur spärlich existierten. Eine kommunistische Festschrift aus dem Jahre 1967 attestiert für den Landkreis Dippoldiswalde: „Industrie existierte relativ wenig."[257] Tatsächlich lässt sich die industrielle Dichte von Dippoldiswalde als dünn bezeichnen. Selbst umliegende Kleinstädte wiesen einen höheren Industrialisierungsgrad auf, obwohl sie teilweise nur halb so viele Einwohner zählten und somit eher einem größeren Dorf entsprachen. Die lokal ansässige Industrie entwickelte sich historisch gesehen vor allem auf Basis der „ältesten Form kapitalistischer Produktionsweise im Osterzgebirge"[258]. Das *Kampferfüllte Leben*, ein kommunistisches Manifest regional ansässiger Antifaschisten und Kommunisten, bezieht sich mit dieser Ausdrucksweise auf den seit dem 15. Jahrhundert existierenden Bergbau in der Region. In Altenberg existierte dieser Industriezweig noch bis tief in das 20. Jahrhundert hinein. Ende des 19. Jahrhunderts und noch bis zur Verstaatlichung unter dem SED-Staat förderte die *Zwitterstock-AG* in Altenberg

[257] Lohgerber- Stadt- und Kreismuseum Dippoldiswalde: Freundschaft in schwerster Stunde, Museumsbibliothek 01 24 181: 1967, S. 17.
[258] Kreisarchiv Landratsamt Sächsische Schweiz – Osterzgebirge: Kampferfülltes Leben, Archivbibliothek: 1978, S. 7.

unter schwierigsten Arbeitsbedingungen Zinnerz.[259] Selbst das nur halb so viele Einwohner zählende und nur 10 Kilometer entfernte Schmiedeberg hat eine längere Industriegeschichte nachzuweisen als Dippoldiswalde. Ab 1840 hatte sich dort aus der Bergbauindustrie eine Gießerei-, Mühlenbau- und Maschinenbauindustrie entwickelt. Welche Rolle der Schmiedeberger Betrieb auf dem europäischen Markt spielte, lässt folgender Bericht erahnen:

> „Im Konkurrenzkampf unter den Mühlenbaufirmen Europas rückte die Firma bis zum Berichtsjahr 1906 an die erste Stelle vor. [...] Mit der weiteren Ausdehnung des Absatzmarktes richtete die Firma Büros in sieben Großstädten Deutschlands sowie in Paris, Wien, Göteborg, Stockholm, Athen, Bukarest, Christiana, Kopenhagen, Zürich, London, Moskau, Odessa, Kiew, Samara, Riga, St. Petersburg, New York und Santiago de Chile ein."[260]

Ähnlich wie in Schmiedeberg erfuhr die Industrie Mitte des 19. Jahrhunderts auch in Glashütte eine Umorientierung. Der Rückgang des Bergbaus hatte Glashütte genau wie andere Teile des Osterzgebirges in ein wirtschaftliches „Notstandsgebiet"[261] verwandelt. Die frei werdenden aber vor allem billigen Produktionsfaktorkapazitäten an Arbeitskräften schufen Platz für Investitionen. In Glashütte war es der als Uhrenvater bekannt gewordene Geschäftsmann Ferdinand Adolph Lange, welcher diese Marktpositionen zu nutzen wusste. Mit einem 6700-Taler-Kredit schuf er 1845 die Ausgangslage für eine deutsche Uhrenproduktion, welche in Frankreich oder etwa der Schweiz schon längst in vollem Gange war.[262] Im Gegensatz zu anderen Versuchen, etwa in Pforzheim, Freiburg, Berlin und Silberberg, gelang im Osterzgebirge eine nachhaltige Etablierung der Uhrenindustrie. Der neue Industriezweig stimulierte weitere Investitionen, schnell hatte sich ein neuer Wirtschaftskreislauf gebildet: „In Verbindung mit der Uhrenindustrie entstand gleichzeitig die Präzisionsmechanik in Glashütte. Diese war anfangs lediglich berufen, der Uhrmacherei die subtilen Werkzeuge und Hilfsapparate zu liefern."[263] Inwiefern diese ökonomischen Veränderungen auch begannen, das soziale Profil einer Region zu verändern und in welchem Maße sie gesellschaftlichen Verschiebungen auslösen konnten, dokumentiert eindrucksvoll eine Chronik zur Glashütter Uhrenindustrie aus dem Jahre 1895. Dort heißt es:

---

[259] Vgl.: Lohgerber- Stadt- und Kreismuseum Dippoldiswalde: Freundschaft in schwerster Stunde, Museumsbibliothek 01 24 181: 1967, S. 17.

[260] Kreisarchiv Landratsamt Sächsische Schweiz – Osterzgebirge: Kampferfülltes Leben, Archivbibliothek: 1978, S. 9.

[261] Ebenda, S. 11.

[262] Ebenda.

[263] Lohgerber- Stadt- und Kreismuseum Dippoldiswalde: Die Uhrenindustrie in Glashütte, Museumsbibliothek 01 24 03: 1895, S. 10.

„Allmählich gelang es, 19 Jünglinge für die Ausbildung zu gewinnen. Es waren dies 16 – 18jährige Burschen, von denen 12 bisher durch Stohflechterei, 6 durch landwirtschaftliche Arbeit, einer als Malerlehrling und einer als Steinbrucharbeiter sich ernährt hatten. [..] Nicht durch Handgeschick allein ist die Aufgabe zu lösen, sondern auch ein ziemliches Maß theoretische Kenntnisse bedürfen die Arbeiter in der Uhrmacherei, und so hieß es denn den ungeschulten Köpfen Mathematik, Mechanik und Physik, soweit dieselben die Grundlage der Uhrmacherkunst bilden, beizubringen. [...] Bald herrschte reges Leben in der Lehrwerkstätte."[264]

Glashütte, mit seinen 1700 Einwohnern, wurde durch die Uhrenindustrie schnell weltbekannt. Die angelsächsischen Staaten bildeten den größten Absatzmarkt für das Unternehmen, dessen Lehrlinge bald selbst Meister waren und ausbildeten. Und so fand schon 1870 etwa ein Fünftel der Bevölkerung Glashüttes ihr Brot in der Uhrenproduktion und in der Feinmechanik.[265] Bis 1906 wuchs die Einwohnerschaft auf 2 600 an. Während Altenberg im Untersuchungszeitraum noch für einen alten Industriezweig stand, hatten sich in Glashütte und Schmiedeberg modernere Zweige herausgebildet. Die Konsequenzen für die Formierung eines sozialistischen Arbeitermilieus werden noch zu untersuchen sein. Zunächst aber stellt sich die Frage, welche Industrie das größere Dippoldiswalde, immerhin Sitz der Amtshauptmannschaft mit sieben Städten und 82 Dörfern, repräsentierte? Ähnlich wie in den umliegenden Kommunen bildete auch hier der Bergbau die Wurzel jeglicher industrieller Entwicklung. Nach dem Rückgang der bergbaulichen Anlagen, welcher hier allerdings wesentlich früher statt gefunden hatte, kristallisierte sich aber keine bahnbrechende Wirtschaftsalternative heraus. Größter Betrieb war ein Unternehmen, welches beständig Eigentümer, Namen und Produktion wechselte, die *Armaturenwerke Blanke & Rast*. Um 1900 waren in diesem größten Industrieunternehmen der Kleinstadt gerade einmal 35 Arbeiter beschäftigt.[266] Zwar konnte die Belegschaft bis 1920 auf 200 Personen anwachsen, ein wirtschaftlicher Durchbruch mit überregionaler Bedeutung entfaltete sich allerdings nie.[267] Dippoldiswalde blieb vor allem kleingewerblich und handwerklich geprägt. In der kommunistisch geprägten Firmenchronik des *VEB Hydraulik Dippoldiswalde* wird die Stadt sogar als „Beamten-Stadt"[268] tituliert.

---

[264] Ebenda, S. 7.
[265] Vgl.: Ebenda, S. 11.
[266] Vgl.: Lohgerber- Stadt- und Kreismuseum Dippoldiswalde: VEB Hydraulik Dippoldiswalde, Museumsbibliothek 01 21 30: 1957, S. 5.
[267] Vgl.: Lohgerber- Stadt- und Kreismuseum Dippoldiswalde: Dokumentation der Armaturenfabrik Blanke, Museumsbibliothek 01 21 29: 2002, S. 27.
[268] Lohgerber- Stadt- und Kreismuseum Dippoldiswalde: VEB Hydraulik Dippoldiswalde, Museumsbibliothek 01 21 30: 1957, S. 1.

1.2. Arbeiterbewegung und sozialistisches Milieu

Die Formierung eines sozialistischen Arbeitermilieus ist wie überall stark mit der regionalen Industrialisierungsgeschichte verwoben. Aufgrund der vergleichsweise späten und schwach ausgeprägten Industrialisierung ist daher anzunehmen, dass sich eine sozialistische Proletariatskultur in Dippoldiswalde nur schleppend ausgeprägt hat. Diese These wird sowohl von zeitgenössischen Quellen bestätigt, als auch von verschiedenen historischen Abhandlungen aus der DDR, welche zwar allesamt aus der Brille der SED-Geschichtsschreibung heraus verfasst wurden, Tendenzen aber trotzdem adäquat widerspiegeln helfen. Demnach gehörte die Kleinstadt im Gegensatz zu Nachbargemeinden wie etwa Schmiedeberg ganz und gar nicht zu den *fortschrittlichen Kräften der Arbeiterklasse*. Eine Festschrift zum 750jährigen Stadtjubiläum resümiert: „Die Entwicklung der Arbeiterbewegung ging in Dippoldiswalde nur sehr langsam voran.“[269] Als die deutsche Sozialdemokratie in den 70er Jahren des 19. Jahrhunderts nur etwas mehr als hundert Kilometer Luftlinie von Dippoldiswalde entfernt, in Glauchau und Meerane erste Mehrheiten feiern konnte, steckte sie in der hiesigen Region noch nicht einmal in den Kinderschuhen. Ein Jahrzehnt später hatten selbst umliegende Gemeinden den Sitz der königlichen Amtshauptmannschaft hinsichtlich der Arbeiterorganisation überholt. Bei den Reichtagswahlen vom 20. Februar 1890 erreichte die SPD reichsweit knapp ein Fünftel der Wählerstimmen. Während die Sozialdemokraten in Dippoldiswalde nur 67 von 554 Wählern mobilisieren konnten und somit mit 12 Prozent nur einen Kleinparteienstatus erreichten, hatte die Partei in Höckendorf wesentlich mehr Erfolg.[270] Mit knapp 35 Prozent war sie hier Volkspartei geworden. Eine Interpretation der Höckendorfer Verhältnisse ist schwierig. Höckendorf war zu diesem Zeitpunkt ein Dorf mit gerade mal knapp über 1000 Einwohnern, welche überwiegend von der Landwirtschaft lebten[271]. Dippoldiswalde dagegen hatte 1890 über 3400 Einwohner, von den Erwerbstätigen waren immerhin 35 Prozent der wenn auch nicht industriell sondern vielmehr handwerklich geprägten Arbeiterklasse zuzurechnen.[272] Trotzdem gründete sich in der Stadt erst 1891 eine Ortsgruppe der SPD. Eine typische Klassifizierung Sachsens als *Rotes Sachsen* deckt sich mit den politischen Verhältnissen in

---

[269] Kreisarchiv Landratsamt Sächsische Schweiz – Osterzgebirge: Festschrift zum 750jährigen Jubiläum von Dippoldiswalde, Archivbibliothek: 1968, S. 23.

[270] Weißeritz-Zeitung vom 22. und 27. Feb. 1890 (Kreisarchiv Landratsamt Sächsische Schweiz – Osterzgebirge: Festschrift zum 750jährigen Jubiläum von Dippoldiswalde, Archivbibliothek: 1968, S. 23.)

[271] Blaschke, Karlhein, 2006: Historisches Ortsverzeichnis von Sachsen, Leipzig: Leipziger Universitätsverlag, S. 329.

[272] Vgl.: Kreisarchiv Landratsamt Sächsische Schweiz – Osterzgebirge: Festschrift zum 750jährigen Jubiläum von Dippoldiswalde, Archivbibliothek: 1968, S. 23.

Dippoldiswalde folglich nicht, eine sozialistische Tradition lässt sich nicht herausschälen. Diese Entwicklung steht im krassen Widerspruch zur stark organisierten Arbeiterschaft in Schmiedeberg, welches „zu den wenigen Orten des Kreisgebietes Dippoldiswalde gehörte, in denen die Arbeiterbewegung einen starken Einfluss auf die kommunalen Angelegenheiten ausübte“[273]. Für die Kommunisten besaß Schmiedeberg seit jeher eine Vorreiterrolle in der Region. Tatsächlich war die Gemeinde ein regionales „Zentrum der revolutionären Arbeiterbewegung“[274]. Im Gegensatz zu Dippoldiswalde besaß Schmiedeberg eine Industrie mit überregionaler Bedeutung und Weltmarktambitionen. Diese Rolle dürfte identitätsstiftend gewirkt haben und das elitäre Klassenbewusstsein der Schmiedeberger Arbeiter geschärft haben. Zwar besaß auch Glashütte einen bedeutenden Industriezweig, war aber zu dezentralistisch strukturiert, um zur Formierung eines sozialistischen Arbeitermilieus beizutragen:

> „Der größte Teil der Produktion wurde noch durch Heimarbeit und bis nach 1900 fast ausschließlich in zeitaufwendiger Handarbeit gefertigt. So entwickelte sich wohl eine große Zahl von Kleinstbetrieben, oftmals Familienbetriebe, die aber diesen kleinbetrieblichen Charakter beibehielten. [...] Im Durchschnitt betrug die Belegschaftsstärke dieser Betriebe etwa sechs Personen.“[275]

Ist diese Zahl auch übertrieben gering gehalten, verdeutlicht sie doch einprägsam einen Trend. In einer Stadtchronik von 1939 konstatiert der Verwaltungsinspektor Fickel für Glashütte: „In 73 gewerblichen und industriellen Betrieben gingen 719 Personen ihrer Arbeit nach. Zwei Industriebetriebe, die Uhrenfabrik von *A. Lange & Söhne* und die Holzwarenfabrik von *Seelhammer & Härtel,* beschäftigten mehr als 100 Personen.“[276] Auch in Altenberg kristallisierte sich kein ausgeprägtes Proletariat heraus. Die Ursache hierfür wird vor allem in der unmodernen, teils rückständigen Berbauindustrie aber auch in der schlechten infrastrukturellen Lage der Stadt zu finden sein. Da ein Gleisanschluss nur bis Kipsdorf reichte, war die Altenberger Arbeiterschaft für die Zentren der Arbeiterbewegung im Plauenschen Grund nur schwer zu mobilisieren. Die Schmiedeberger Arbeiter waren hingegen durch die Schmalspurbahnanbindung nach Hainsberg wesentlich besser mobilisierbar. Die moderne Industrie sicherte den Fachkräften in der Gießerei höhere Einkommen und insgesamt

---

273 Lohgerber- Stadt- und Kreismuseum Dippoldiswalde: Freundschaft in schwerster Stunde, Museumsbibliothek 01 24 181: 1967, S. 20.

274 Kreisarchiv Landratsamt Sächsische Schweiz – Osterzgebirge: Kampferfülltes Leben, Archivbibliothek: 1978, S. 7.

275 Ebenda, S. 11.

276 Lohgerber- Stadt- und Kreismuseum Dippoldiswalde: Unsere Heimatstadt Glashütte, Museumsbibliothek 01 24 09: 1939, S. 75.

bessere Arbeitsbedingungen, als etwa die Altenberger Bergleute hätten in Anspruch nehmen können. Die Schmiedeberger Verhältnisse und Rahmenbedingungen erlaubten eine vergleichsweise starke Proletarisierung der Bevölkerung. Die gesellschaftlichen Vorrausetzungen waren für diese Entwicklung daher günstiger als etwa in Altenberg, Glashütte oder gar Dippoldiswalde. Anfang 1933 waren nach Angaben der SED rund 300 Schmiedeberger als SPD-Mitglieder und rund 35 als KPD-Mitglieder organisiert,[277] beträchtliche Zahlen wenn man sich vor Augen führt, dass der Ort 1935 gerade mal 2400 Einwohner hatte und somit mehr als 7% der Bevölkerung ein sozialistisches Parteibuch trug.[278] Schmiedeberg übertraf das sächsische Mittel hinsichtlich der Mitgliederdichte damit um 250 Prozent und den Reichsdurchschnitt sogar um 437 Prozent. Ein weiteres Indiz für den regionalen Proletarisierungsvorsprung Schmiedebergs bildet das Vereinsleben in der Region. Die Tatsache, dass im kleineren Schmiedeberg schon 1896 eine Konsumverkaufsstelle eingerichtet wurde, und somit ganze acht Jahre eher als in Dippoldiswalde, zeugt von dem zeitigen Entstehen einer sozialistischen Parallelgesellschaft und einer „eigenständigen geistig-kulturellen Betätigung“[279] eines Proletariats. Dieses Faktum ist von daher nicht unwichtig für die vorliegende Untersuchung, da sich, wie sich zeigen wird, die sozialistische und kommunistische Agitation in Dippoldiswalde in großem Maße auf Mobilisierungsunterstützung aus Schmiedeberg baute.

1.3. Politische Traditionen in Dippoldiswalde – Eine Analyse der Reichtagswahlergebnisse im Kaiserreich

Nationalliberale und nationalistisch-konservative Mehrheiten im jungen Kaiserreich

Haben die vorangehenden Abschnitte versucht, ein sozioökonomisches Modell der Dippser Region und ihrer hier lebenden Menschen zu skizzieren, ist es nun von Bedeutung, politische Traditionen aus diesen beobachteten Mustern herauszuschälen und abzuleiten. Inwiefern lässt sich die Feststellung, dass die zu untersuchende Kleinstadt aus soziologischer Sicht heraus nicht dem typischen Bild vom *Roten Sachsen* entspricht, politisch analysieren und bewerten? Dazu müssen die lokalen Printmedien der Jahrhundertwende studiert werden.

---

[277] Lohgerber- Stadt- und Kreismuseum Dippoldiswalde: Freundschaft in schwerster Stunde, Museumsbibliothek 01 24 181: 1967, S. 20.

[278] Blaschke, Karlheinz, 2006: Historisches Ortsverzeichnis von Sachsen, Leipzig: Leipziger Universitätsverlag, S. 673.

[279] Kreisarchiv Landratsamt Sächsische Schweiz – Osterzgebirge: Kampferfülltes Leben, Archivbibliothek: 1978, S. 16.

Nach der Reichsgründung vertrat zunächst Karl Gustav Ackermann den Dippser Wahlkreis 6 im Reichstag. Neben Dipoldiswalde gehörten auch die nördlichen Nachbargemeinden, der Plauensche Grund, dessen Dörfer sich 1921 zur Stadt Freital zusammenschlossen sowie der südliche Teil Dresdens zum 6. Wahlkreis. Ackermann war bereits seit 1869 Reichtagsabgeordneter des Norddeutschen Bundes und vertrat dort die Interessen der *Liberalen Reichspartei*. Offene Unterstützung erhielt er von dem verantwortlichen Redakteur der lokalen *Weißeritz-Zeitung*, Carl Jehne. Die politischen Artikel dieses Blattes und die darin befindlichen Positionen dürften auf die Meinungsbildung der Dippser Bevölkerung keinen unerheblichen Einfluss gehabt haben. Gleichfalls gilt zu berücksichtigen, dass die *Weißeritz-Zeitung* als akzeptiertes Medium dem historischen Beobachter in verhaltenem Maße ein Spiegelbild der öffentlichen Meinung liefern kann, ist das Blatt doch das auflagenstärkste seiner Art in der zu untersuchenden Kleinstadt. Im Reichtagswahlkampf 1874 wird der sozialdemokratische Herausforderer von Ackermann klar diskriminiert. Von einer neutralen und fairen Wahlkampfberichtserstattung kann nicht gesprochen werden:

> „Gestern fand hier abermals eine, jedoch schwach besuchte Versammlung in Angelegenheiten der socialdemokratischen Parthei statt, bei welcher Zigarrenarbeiter Eckstein aus Waldheim neben der ausführlichen Darlegung seines Programms, nicht unterließ, den nicht anwesenden Kandidaten der liberalen Parthei, Hofrath Ackermann, sowie diese selbst, insofern zu verdächtigen, als er denselben eine Verleugnung ihrer bisherigen Grundsätze vorwarf, indem sie sich für diesen conservativen Kandidaten entschieden habe, um Front gegen die socialdemokratische Parthei zu machen. Hoffentlich läßt sich durch dieses Manöver Niemand irre machen. [sic!]“[280]

Jehne projektierte ein übertriebenes Bild einer antisystemischen Revolutionspartei, welche sie zu diesem Zeitpunkt zumindest in Teilen auch war. Die Darstellung als Staatsfeinde soll die Sozialdemokraten vor den Wahlen zusätzlich misskreditieren:

> „weil es aber gilt, zu erhalten, was wir an nationaler Bedeutung errungen haben, und weil die Socialdemokraten [...] Reichsfeinde sind, so galt es [...] einen Mann zu wählen, von den man überzeugt ist, dass er auf dieser nationalen Grundlage feststeht, und nicht wie Socialdemokraten und Ultramontane, die Existenz des kaum gegründeten deutschen Reiches gefährden wird. [sic]“[281]

---

[280] Sächsische Landes- und Universitätsbibliothek Dresden: Weißeritzzeitung, 1. Mifi. Z. 184: Film 16, 06.10.1874.
[281] Ebenda.

Führende Funktionäre der Sozialdemokratie wurden als „absolut feindselig gesinnte Männer“[282] für eine pragmatische Reichspolitik disqualifiziert. Daneben arbeitete Jehne defätistisch: „Es ist kurz und bündig zu beweisen, daß Socialdemokraten niemals zu derjenigen Macht gelangen können, von der ihre Führer träumen. [sic]“[283] Jedoch, so Jehne: „wenn man auf Erfolg rechnen will, so muß man selbstverständlich sich an den Namen halten, der Hoffnung auf Sieg hat, sonst entstehen Minderheitswahlen, die ungültig sind und eine Neuwahl nothwendig machen. [sic]“[284] Unverholen gab er allen „wahrhaft patriotisch gesinnten Wählern“[285] eine offene Wahlempfehlung für Ackermann. Trotz der scharfen Verurteilung durch die *Weißeritz-Zeitung* wählten bei der Reichtagswahl am 10. Januar 1874 ganze 52 Stimmberechtigte den sozialdemokratischen Kandidaten Eckstein.[286] Mit diesen immerhin knapp 16 Prozent lag der Stimmenanteil in Dippoldiswalde deutlich höher als der Reichsdurchschnitt mit 6,8 Prozent. Hatte sich in der Kleinstadt etwa schon zu diesem Zeitpunkt eine sozialdemokratische Stammwählerschaft herausgebildet, die auf ein relativ kleines aber fest formiertes sozialistisches Arbeitermilieu hätte zurückgreifen können? Vorhergehende Feststellungen in Sachen Industrialisierungs- und Proletariatsentwicklung legen diesen Schluss keineswegs nahe. Die Ergebnisse der Reichtagswahlen von 1877 und 1878 schwächen diese These zwar wie vermutet ab, zeigen aber, dass es in Dippoldiswalde zunächst einen kleinen, aber dennoch harten Kern von sozialistischen Stammwählern gab.[287] Zwar verbucht die deutsche Sozialdemokratie in den kommenden drei Jahren reichsweit einen Abwärtstrend, welcher die Partei wieder bei etwas mehr als 6 Prozent landen lies, dennoch erstaunt der totale Niedergang des sozialistischen Wählerlagers in Dippoldiswalde, welches es bei der Reichtagswahl im Oktober 1881 auf nur noch eine Stimme schaffte. Treffend, aber nicht ohne Schadenfreude, konstatierte Jehne: „die Socialdemokraten haben bei uns allen und jeden Boden verloren. [sic]“[288] Abgesehen von der Bewertung des sozialistischen Ergebnisses, offenbarten die Wahlen von 1878 und 1881 noch ein weiteres bemerkenswertes Detail zur politischen Kultur in Dippoldiswalde. Der Reichtagsabgeordnete Karl Gustav Ackermann, welcher innerhalb der liberalen Parteien stets auf einem national-konservativen

---

[282] Ebenda.
[283] Ebenda.
[284] Ebenda, 09.01.1874.
[285] Ebenda.
[286] Vgl.: Ebenda, 13.01.1874.
[287] In Dippoldiswalde erreicht der Kandidat der Sozialdemokraten bei den RTW 1877 und 1887 4,9, bzw. 5,9 Prozent. Reichsweit hatten die Sozialdemokraten Ergebnisse von 9,1, bzw. 7,6 Prozent. Vgl.: Sächsische Landes- und Universitätsbibliothek Dresden: Weißeritzzeitung, 1. Mifi. Z. 184: Film 18, 12.01. 1877. Sowie: Sächsische Landes- und Universitätsbibliothek Dresden: Weißeritzzeitung, 1. Mifi. Z. 184: Film 20, 31.07.1878.
[288] Sächsische Landes- und Universitätsbibliothek Dresden: Weißeritzzeitung, 1. Mifi. Z. 184: Film 22, 01.11.1881.

Flügel verankert war, trat ab 1878 im Wahlkreis 6 nicht mehr für eine liberale Partei an, sondern vertrat von da an die Anliegen der *Deutschkonservativen Partei*.[289] Dies ist für die politische Kultur der zu untersuchenden Region vor allem deswegen von herausragender Bedeutung, weil diese Partei den rechten Rand der wilhelminischen Gesellschaft repräsentierte. Mit dieser nationalistischen Partei, die 1878 und 1881 reichsweit 13,0 bzw. 16,3 Prozent erreichte, gelang Ackermann weiterhin der Mandatsgewinn im hiesigen Wahlkreis. 1878 mobilisierte er ganze 93,7 Prozent der Dippser für sich an die Wahlurne.[290] Und 1881, als sich immerhin noch ein dritter Kandidat der liberalen *Fortschrittspartei* um ein Mandat bewarb, punktete Ackermann mit 55,6 Prozent immer noch weit über dem Durchschnitt.[291] Von da an vertrat Ackermann den Wahlkreis 6 drei weitere Legislaturperioden. Bei den Reichtagswahlen 1884, 1887 und 1890 erreichte er auch bei mehr als einem Gegenkandidaten nie weniger als 84 Prozent der Stimmen in Dippoldiswalde. Im gleichen Zeitraum erreichten die Sozialdemokraten maximal 12 Prozent der Dippser Wähler. Die roten Hochburgen lagen indes eindeutig im industrialisierten Norden des Wahlkreises, in dessen Wahllokalen schon 1884 oft mehr als die Hälfte der Menschen links wählten. Ganz richtig erkannte daher Jehne, dass Dippoldiswalde und seinen umliegenden Dörfern eine entscheidende Rolle im Wahlkreis 6 zukommt:

> „Denn es ist bekannt, daß die socialdemokratische Parthei bei Wahlen alle ihre Kräfte anspannt, den Sieg zu erringen, daß sie mit eiserner Disziplin alle ihre Glieder ins Treffen führt, und es ist ihr dadurch schon in vielen Bezirken gelungen, die vertrauensseligen Gegner zu schlagen. Wenn nun auch in unserem Wahlbezirke, d.h. Dippoldiswalde und näherer Umgebung, die socialdemokratische Parthei nicht die herrschende zu sein scheint, so wird doch das Verhältniß ein wesentlich anderes durch den Plauenschen Grund. Da gilt es bei uns ein Gegengewicht zu schaffen. [sic]“[292]

Tatsächlich hätte der Wahlkreis 6 ohne das rechte Wählerverhalten Dippoldiswaldes und seiner näheren Dörfer zu diesem Zeitpunkt nicht Ackermann, sondern den fünfundzwanzigsten Reichtagsabgeordneten der Sozialdemokratie nach Berlin entsandt. Dippoldiswalde bildete sozusagen den antisozialistischen Pol bzw. den national-konservativen Kern des Wahlkreises.

---

[289] Vgl: http://isgv.serveftp.org/saebi/artikel.php?SNR=25&menu=1&m= am 11.09.2009.

[290] Vgl.: Sächsische Landes- und Universitätsbibliothek Dresden: Weißeritzzeitung, 1. Mifi. Z. 184: Film 20, 31.07.1878.

[291] Vgl.: Sächsische Landes- und Universitätsbibliothek Dresden: Weißeritzzeitung, 1. Mifi. Z 184: Film 22, 01.11.1881.

[292] Sächsische Landes- und Universitätsbibliothek Dresden: Weißeritzzeitung, 1. Mifi. Z. 184: Film 25, 28.10.1884.

Antisemitische Mehrheiten und sozialdemokratische Zugewinne im späteren Kaiserreich

Mit dem Rückzug Ackermanns verloren die national-konservativen Kräfte ihr wichtigstes Zugpferd im hiesigen Wahlkreis. Zur Reichtagswahl 1893 schickte die antisemitische und ultranationalisitische *Reformpartei* erstmalig einen Kandidaten ins Rennen, das nichtsozialistische Wählerpotential musste sich folglich spalten. Daneben hatte sich innerhalb der Leitung der *Weißeritz-Zeitung* ein Generationswechsel vollzogen. Dieser ist für das politische Klima insofern von Bedeutung, als das der Tenor nunmehr allgemein versöhnlicher wirkte. Ein Beleg für die schleichende gesellschaftliche Normalisierung der Sozialdemokraten bietet folgender Ausschnitt:

> „Eine hübsche Illustration zu dem Spruche, daß der Deutsche beim Glase Bier der gemüthlichste Mensch ist, bot sich am gestrigen Wahltage vor unserem Wahllokal. Kamen da einige Bürger, nachdem sie ihrer Wählerpflicht genügt und ihren Schoppen tranken, auf die Idee, den in der Hausflur des Wahllokals postierten Stimmzettelverteiler eine Erfrischung anzubieten und dabei an ihren Patriotismus zu appellieren. Gesagt, gethan. Mit freundlichem Danke wurde die Gabe angenommen und das von den Spendern angestimmte Lied: *Deutschland, Deutschland über Alles* allseitig mitgesungen. Aller Parteihader und Zwist wurde beiseite geschoben und der konservative als auch der antisemitische wie der sozialistische Zettelvertheiler feierten in dieser Weise Deutschlands Einheit. [sic]“[293]

Eingeleitet wurde dieser kommunikationspolitische Paradigmenwechsel vom neuen verantwortlichen Redakteur des Lokalblattes Paul Jehne, Sohn des ausgeschiedenen Redakteurs. Auch wenn der mildere Ton die Parteienkonkurrenz entschärfte, blieben die grundsätzlichen ideologischen Gräben auch weiterhin bestehen. Gerade im Wahlkreis 6 wurde dies wieder deutlich. Obwohl der sozialdemokratische Kandidat Horn in der Stadt Dippoldiswalde gerade einmal 11 Prozent der Stimmen mobilisierte, reichsweit schaffte es die SPD auf knapp 24 Prozent, wurde er im gesamten Wahlkreis stärkster Mitbewerber. Weil er aber dennoch eine absolute Mehrheit verfehlte, erlebte der Kreis einen zweiten Wahlgang, in welchem Horn nun auf den Antisemiten Hänichen traf. Hänichen hatte wahlkreisweit die zweitmeisten Stimmen gewonnen, in Dippoldiswalde hatte er bereits im ersten Wahlgang mehr als 56 Prozent, während der Kandidat der Konservativen nur noch 32 Prozent schaffte.[294] An diesen Zahlen wird abermals deutlich, wie stark Dippoldiswalde vom sächsischen Durchschnitt abwich. Eine sozialistische Lobby gab es in der Kleinstadt nicht, die Sozialdemokraten gehörten einer Minderheit an. Der zweite Wahlgang polarisierte den

[293] Sächsische Landes- und Universitätsbibliothek Dresden: Weißeritzzeitung, 1. Mifi. Z. 184: Film 31, 17.06.1893.

[294] Vgl.: Ebenda.

Wahlkreis 6 daher ungemein. Der sonst zu den Konservativen neigende Jehne junior verweist in einem Artikel offen darauf hin, welchem Kandidaten seine Unterstützung gilt:

> „In Anerkennung, daß die konservative Partei trotz vielseitiger Verneinung doch bei der Reichsgesetzgebung vortheilhaft für das Volkswohl gewirkt hat, haben im 6. Wahlkreise über 4000 Wähler treu zu dieser Partei gestanden. [...] Wie soll sich der Wähler verhalten? [...] Daß die Parteigänger der Reformpartei vollzählig erscheinen, daran ist wohl nicht zu zweifeln, und daß die konservativen Wähler nicht dem Kandidaten der Umsturzpartei mit ihrem unklaren Programm und dem darin versteckt liegenden, verschleierten Zukunftsstaate der Gewaltherrschaft, der Zügellosigkeit und Willkür ihre Stimme geben, das ist auch sicher. Doch wenn nicht unser 6. Wahlkreis durch einen Sozialdemokraten vertreten werden soll, so ist es nöthig, daß alle reichstreuen Bürger für den Kanidaten der Reformpartei Oskar Hänichen eintreten, und das können sie mit ruhigem Gewissen. [sic]“[295]

Jehne ermutigte konservative Wähler zur Wahl des Antisemiten. Das politische Feindbild Nummer Eins bildete trotz der insgesamt faireren Berichterstattung weiterhin die SPD.

Tab.5: Antisemitische Mehrheiten – Reichtagswahlergebnisse rechter Parteien im Deutschen Kaiserreich, Sachsen und Dippoldiswalde.

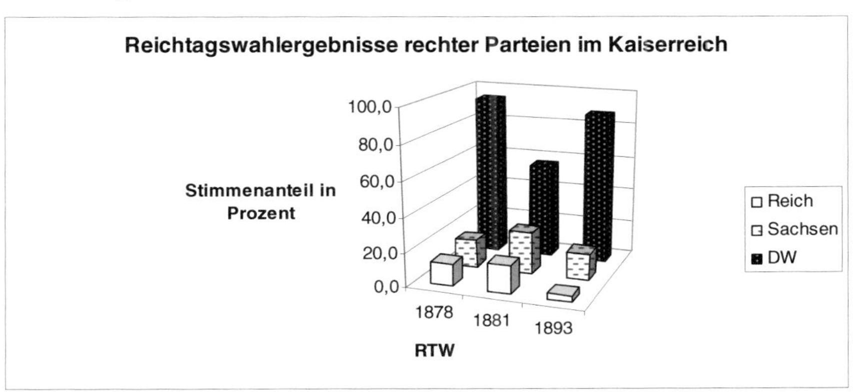

	1878	1881	1893
Dt. Reich	13,0	16,3	3,4
Sachsen	16,2	24,3	15,8
DW	93,7	55,6	87,6

1878 und 1881: Deutschkonservative Partei
1893: Reformpartei

[295] Ebenda, 22.06.1893.

Unverholen bekannte sich der Redakteur selbst zu antisemitischen Positionen und Ressentiments: „Ganz besonders aber geht sie dem unheilvollen jüdischen Einflusse auf Leben und Denken des deutschen Volkes und auf wirtschaftlichen Gebiete zu Leibe.“[296] Die Wahlaufrufe trugen Früchte, mit Hänichen zog einer von insgesamt elf antisemitischen Reformern in das höchste deutsche Parlament ein. Hatten die Antisemiten reichsweit 3,4 Prozent der Stimmen erzielt, immerhin das zweitstärkste Ergebnis in ihrer Geschichte, konnten sie im Juni 1893 ganze 507 Bürger von Dippoldiswalde, das sind 87,6 Prozent, an die Wahlurne holen.[297] Auch wenn direkte antisemitische Motivationen nur partiell zur Wahl Hänichens beigetragen haben dürften, lässt sich konstatieren, dass die Bevölkerung in der Stadt weitaus mehr Berührungsängste mit den Sozialdemokraten hatte als etwa mit den Antisemiten. Der Antisemitismus war tief in die wilhelminische Gesellschaft Dippoldiswaldes diffundiert. Gemessen am Wahlergebnis wurde die Kleinstadt sogar zu einer Hochburg des deutschen Antisemitismus. Inwiefern sich diese Entwicklung auf das öffentliche Klima übertragen hatte, macht folgende Schilderung deutlich: „Ein Militärvereinsmitglied, welches den angenommenen Zettel *Hänichen* öffentlich zerriß und einen mit *Horn* dafür entgegennahm, wurde, und ganz mit Recht, aus dem Vereine ausgeschlossen. [sic!]“[298] Trotz dieser regionalen Entwicklung konnte dem politischen Beobachter die zunehmende Etablierung der SPD als Volkspartei nicht verborgen bleiben. Die sozialdemokratische Partei war nun nach Stimmenanteil stärkste deutsche Partei geworden. Ihr Marsch in die gesellschaftliche Mitte führte sie an Dippoldiswalde aber weiterhin vorbei. Zwar war es Jehne und dem Autorenkollektiv nicht länger möglich, die Partei tot zu schweigen oder zu boykottieren, im Reichtagswahlkampf 1898 ließ er erstmals SPD-Anzeigen drucken, dennoch konnte sie trotz Wahlkreissieg parallel dazu nur 12 Prozent der Dippser mobilisieren.[299] Die Kleinstadt an der Weißeritz schien immun zu sein gegen die sozialistische Bewegung und deren stetigen Vormarsch. Erst 1903, die politische Karte Sachsens hatte sich schon längst rot gefärbt, gelang den Dippser Sozialdemokraten der Einbruch in fremdes Wählerreservoir. Mit 22,7 Prozent blieb sie zwar im Vergleich zum gesamtsächsische Verhältnis abgeschlagen, fast 60 Prozent aller Sachsen hatten rot gewählt, verlor aber in Teilen ihre antisozialistische Gegengewichtsfunktion im Wahlkreis 6. Daher ist folgender Einschätzung Jehnes nur noch bedingt zuzustimmen: „Der 6. Wahlkreis ist, was wohl von vielen vorausgesehen und befürchtet wurde, in den Händen der Sozialdemokratie verblieben, da das Übergewicht des

[296] Ebenda.
[297] Vgl.: Ebenda, 27.06.1893.
[298] Ebenda.
[299] Vgl.: Sächsische Landes- und Universitätsbibliothek Dresden: Weißeritzzeitung, 1. Mifi. Z. 184: Film 35, 18.06.1898.

Plauenschen Grundes mit seiner industriellen Bevölkerung das platte Land in unserem Gebirge einfach erdrückte."[300] Trotzdem sie in der Stadt vergleichsweise schlecht abschnitten, bildeten die Sozialisten in der Gesamtregion keineswegs mehr eine kleine Minderheit. In vielen umliegenden Kommunen fuhren sie respektable Ergebnisse ein.

Tab.6: Ausgewählte SPD-Reichtagswahlergebnisse im Deutschen Kaiserreich, in Sachsen und Dippoldiswalde.

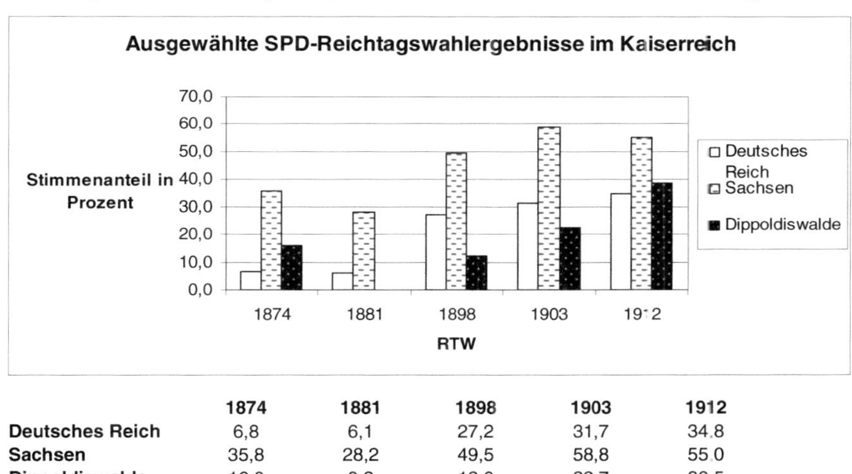

	1874	1881	1898	1903	1912
Deutsches Reich	6,8	6,1	27,2	31,7	34,8
Sachsen	35,8	28,2	49,5	58,8	55,0
Dippoldiswalde	16,0	0,2	12,0	22,7	38,5

In Schmiedeberg etwa, der sozialistischen Hochburg in der Region, entfielen mehr als 60 Prozent der abgegebenen Stimmen auf die Sozialdemokratie. Doch auch in Ortschaften ohne große Industrieanlagen und sozialistischem Milieu gab es hohe Stimmenanteile. In Spechtritz stimmten sogar mehr als 70 Prozent der Wähler für die SPD.[301] Schwächten die Wähler im Osterzgebirge insgesamt zwar das Wahlkreisergebnis für die Sozialdemokraten ab, erfüllten sie nicht wirklich mehr die einstige Gegengewichtsfunktion. Wie politisch zerrissen die Region weiterhin blieb, zeigen besonders deutlich die Schwankungen der einzelnen Ergebnisse, sogar zwischen Nachbargemeinden. Dabei ist trotz einiger Anhaltspunkte kein Muster zu erkennen. Stimmten in Oberfrauendorf etwa 34 Prozent der Wähler sozialistisch, gab es 2 km talwärts in Niederfrauendorf nur einen SPD-Wähler. Auch bei den beiden letzten Reichtagswahlen im wilhelminischen Reich gewinnt Horn den Wahlkreis 6. Aber selbst als

[300] Sächsische Landes- und Universitätsbibliothek Dresden: Weißeritzzeitung, 1. Mifi. Z. 184: Film 40, 18.06.1903.
[301] Ebenda.

die Sozialdemokratie Sachsen bei den Reichtagswahlen 1912 fest im Griff hatte und im Reichstag stärkste Fraktion wurde, etablierten sich in Dippoldiswalde keine linken Majoritäten. Zwar rekrutierten die Sozialisten mit einem Stimmenanteil von 38,5 Prozent auch aus bürgerlichen Kreisen Stimmen für die Arbeiterbewegung.[302] Vergleichsweise hielt sich dieser Einbruch allerdings in Grenzen. In Dippoldiswalde gab es auch am Vorabend des Ersten Weltkrieges keine roten Mehrheiten. Es lässt sich daher festhalten, dass die kleine Provinzstadt Dippoldiswalde hinsichtlich Industrialisierungsgrad, Sozioökonomie und Wahlverhalten den bürgerlichen Teil Sachsens repräsentierte.

2. Dippoldiswalde in der Weimarer Republik

2.1. Politik und Wirtschaft bis 1924

Die unmittelbare Nachkriegszeit

Nach dem ersten Weltkrieg setzte sich diese Entwicklung zunächst fort, die Sozialdemokratie wurde zusehends stärker und erreichte bei den Wahlen zur Nationalversammlung mit über 42 Prozent das beste Einzelergebnis, dass sie bis dato in Dippoldiswalde je hatte. Dennoch gab es Unterschiede zur gesamtsächsischen Politikgenese. Während es im Land eine satte rote Mehrheit gab, SPD und USPD hatten sachsenweit 56 Prozent der Wähler erreicht, gab es in Dippoldiswalde weiterhin eine bürgerliche Mehrheit.[303] Selbst in den umliegenden Gemeinden Klingenberg, Kreischa, Höckendorf, Schmiedeberg, Altenberg und Glashütte mobilisierten die Sozialdemokraten absolute Mehrheiten. Auffallend auch wieder der überdurchschnittliche Stimmenanteil für eine rechte Partei. Die 1918 gegründete DNVP war ein parteiorganisatorisches Sammelbecken verschiedener rechtskonservativer Kaiserreichsparteien, im Kern waren das vor allem die *Deutschkonservative Partei* und nationalistische, völkische sowie antisemitische Splittergruppen. Mit 14,4 Prozent verloren die Republikfeinde zwar gegenüber ihrer Vorgängerpartei, erzielten damit aber ein Ergebnis, dass vier Prozent über dem Reichsdurchschnitt lag. Neben den linken Hochburgen kristallisierten sich auch rechte heraus. Mobilisierten die Deutschnationalen in Reichstädt und Pretzschendorf 52 bzw. 53 Prozent, wählten in Friedersdorf sogar 188 Wahlberechtigte und

[302] Sächsische Landes- und Universitätsbibliothek Dresden: Weißeritzzeitung, 1. Mifi. Z. 184: Film 47, 16.01.1912.
[303] Sächsische Landes- und Universitätsbibliothek Dresden: Weißeritzzeitung, 1. Mifi. Z. 184: Film 57, 20.01.1919.

somit über 77 Prozent die DNVP.[304] Insofern zeichnete sich ab, dass auch rechte Kontinuitäten den Ersten Weltkrieg überstanden hatten. Im Gegensatz zum regionalen Umfeld blieb die politische Linke in der Stadt Dippoldiswalde auf vergleichsweise niedrigem Niveau, während die Rechte überdurchschnittlich stark abschnitt. Dieser Trend bestätigte sich noch eindrucksvoller bei den Stadtverordnetenwahlen vom 26. Januar 1919. Demnach sahen sich nach der Kommunalwahl fünf sozialdemokratische Verordnete einer bürgerlichen Mehrheit von neun Mandaten gegenüber. In der linken Hochburg der Amtshauptmannschaft, in Schmiedeberg, stellten sich die Verhältnisse dagegen umgekehrt dar. Dort standen den zehn sozialistischen Mandataren, darunter einer von der USPD, fünf bürgerliche gegenüber.[305] Folgerichtig resümierte die *Weißeritz-Zeitung* nach den ersten beiden Wahlen in Dippoldiswalde: „es bleibt beim Alten“[306]. Bei den unmittelbar folgenden Landtagswahlen vom 2. Februar 1919 bestätigte sich dieser Trend, die jeweiligen Hochburgen stabilisierten sich. Obwohl die am rechten Rand anzusiedelnde DNVP vergleichsweise schlecht abschnitt und sogar unter den Sachsenschnitt fiel, wählten die Dippser weiterhin eine bürgerliche Mehrheit. Auffallend ist, dass die sächsische USPD ihren Wahlerfolg von 14,3 Prozent nicht in Dippoldiswalde entfalten konnte. Hier lag sie mit knapp über 6 Prozent deutlich unter dem Durchschnitt. Die Landtagswahlen lassen den Schluss zu, dass in Dippoldiswalde linke und rechte Republikfeinde zunächst wenig Aussicht auf Erfolg hatten. Die Stadt schien sich im frühen Stadium der Weimarer Rebuplik mit dem neuen System eher arrangiert zu haben, als umliegende Kommunen. Während die USPD allerdings in der hiesigen Amthauptmannschaft keine Hochburgen hatte, ihr bestes Ergebnis verbuchte sie mit gerade mal 11 Prozent in Glashütte, konnte die DNVP durchaus auf Schwerpunkte verweisen. In zahlreichen Ortschaften, so in Schönfeld, Oberhäslich, Reichstädt, Friedersdorf, Niederfrauendorf, Hirschbach, Reichenau, Röthenbach, Hausdorf, Johnsbach, Ammelsdorf, Breitenau, Burkersdorf und Pretzschendorf gewannen die rechten Republikfeinde absolute Mehrheiten von bis zu 80 Prozent.[307] Und obwohl die politische Rechte die Stadt Dippoldiswalde als Hochburg verloren hatte, wurde sie in der Amthauptmannschaft mit mehr als 7 000 Wählern und 28,5 Prozent zweitstärkste Kraft. Die Stadt selbst erwies sich also wie schon im Kaiserreich als relativ immun gegen Antisystemparteien. Dort hatten stark rechts orientierte Gruppierungen wie die *Reformpartei* nur Zuspruch erhalten, weil sie salonfähig waren und

[304] Ebenda.
[305] Ebenda, 28.01.1919.
[306] Ebenda, 27.01.1919.
[307] Ebenda, 03.02.1919.

von den promonarchistischen Zeitgenossen nicht als antisystemisch bzw. antidemokratisch identifiziert werden konnten.

Anfang 1920 gründete sich eine KPD-Ortsgruppe in Dippoldiswalde. Die Entwicklung der kommunistischen Partei verlief dabei in Nord-Süd-Richtung. Kerstin Rossin, heute Schuldirektorin der Grundschule in Oelsa, stellte in einer Studienarbeit treffend fest: „Am stärksten war der Einfluss aus dem Raum Freital, der sich über Höckendorf, Dippoldiswalde, Schmiedeberg weiter bis in das Kammgebiet bemerkbar machte.“[308] Der spätere lokale SED-Kader Max Rothe erinnerte sich 1978:

> „Am 20. Januar 1920 gründeten wir die Ortsgruppe der KPD. Wir versammelten uns in der Logiswohnung unseres Genossen Luis Gesau, die sich in dem nach 1945 wegen Baufälligkeit abgebrochenen Hause der Witwe Holhöfer in der Altenberger Straße Nr. 11 befand. An dieser Gründungsveranstaltung nahmen die Genossen Luis Gesau, Max Fischer, Clemens Holzschuh, Willi Holzschuh, Walter Koch, ich selbst und Hans Tschernig teil. Genosse Tschernig wurde als erster Vorsitzender der Ortsgruppe gewählt.“[309]

Auch wenn das Wahljahr 1920 „bei weitem nicht so schlimm war“[310] wie in dem vorangegangenem Revolutionsjahr 1919, so zeichnete die *Weißeritz-Zeitung* ein prekäres Bild vom Wahlkampf:

> „Alle Parteien hatten Versammlungen veranlasst, um noch in letzter Stunde ihren Anhang zu mehren und dem Gegner Abbruch zu tun. Gekämpft wurde nicht nur mit Worten. Den Auftakt bildete gewöhnlich ein Wortgeplänkel, dem sich dann bald das Faustgefecht anschloss. Auch festere Argumente, als da sind Spazierstock, Bierseidel und Stuhlbeine wurden ausgiebig in Tätigkeit gesetzt.“[311]

Von einer Entradikalisierung konnte 1920 folglich nicht gesprochen werden. Schließlich endete auch der Trend, dass Dippoldiswalde unterdurchschnittlich antisystemisch wählte. Ganz im Gegenteil zur Reichtagswahl am 6. Juni 1920 überflügelte die USPD mit knapp 21 Prozent die Sozialdemokraten, welche mehr als die Hälfte ihrer Wähler verloren und auf 16 Prozent regelrecht abstürzten.[312] Damit lag die republikfeindliche USPD in Dippoldiswalde

---

[308] Lohgerber- Stadt- und Kreismuseum Dippoldiswalde: Vom Kampf Deutscher Antifaschisten, Museumsbibliothek 01 22 29: 1982, S. 3.

[309] Kreisarchiv Landratsamt Sächsische Schweiz – Osterzgebirge: Kampferfülltes Leben, Archivbibliothek: 1978, S. 38.

[310] Sächsische Landes- und Universitätsbibliothek Dresden: Weißeritzzeitung, 1. Mifi. Z. 184: Film 59, 08.06.1920.

[311] Ebenda.

[312] Ebenda.

etwa im sächsischen Mittel, aber immerhin um mehr als 4 Prozent über dem Reichsdurchschnitt. Die DNVP verharrte mit mageren 11 Prozent weiterhin auf niedrigem Niveau. Die DVP schnitt mit über 35 Prozent weit über dem Landes- und Reichmittel ab. Während sich also das linke Wählerpotential zu radikalisieren schien, verbürgerlichte sich das rechte Wählerpotential weiter. Doch lässt sich wirklich eine spezifische Dippoldiswalder Politikkultur messen? Viel eher scheint es, als sei das Wählerverhalten in der Kleinstadt stark von überregionalen Einflüssen geprägt. Als noch im gleichen Jahr Wahlen zum sächsischen Landtag stattfanden, marginalisierte sich die USPD wieder. Mit 9,3 Prozent lag sie ganze vier Prozentpunkte unter dem Landesdurchschnitt.[313] Ihre Wähler wanderten vor allem zurück zu den Sozialdemokraten, in geringem Maße aber auch zur jungen kommunistischen Bewegung. Für Sachsen lässt sich ein ähnliches Resultat konstatieren, womit die These bestätigt wird. Demzufolge lassen sich nur feine Unterschiede ermitteln, deren Analyse es aber zur Beantwortung der Forschungsfrage bedarf. Diese feine Abweichung besteht bei der Landtagswahl vom November 1920 im Wahlverhalten des konservativen Bürgertums. Während die DNVP, deren Vorgängerpartei im Deutschen Kaiserreich in Dippoldiswalde stets überproportionale Ergebnisse einfuhr, weiter unterdurchschnittlich Wähler mobilisierte, stabilisierte sich die bürgerliche Mitte der DVP und erreichte mit knapp 36 Prozent doppelt so viele Wähler als der Landesverband. Zur Wahl der Stadtverordneten im Dezember desselben Jahres, wurde die große Zerrissenheit der politischen Linken abermals offenkundig. Die Listen von USPD und SPD erhielten jeweils zwei Sitze, welche nun einer bürgerlichen Übermacht von zehn Mandataren gegenüber standen. Die Wahl zeigte den feinen Unterschied, den die Dippser Politikkultur vom sächsischen Weg unterschied. Während bei Reichs- und Landtagswahlen nach dem Ersten Weltkrieg sachsenweit stets linke Mehrheiten zusammenkamen, war diese Entwicklung trotz partieller Verschiebungen in Dippoldiswalde keinesfalls erkennbar. Hatten die bürgerlichen Parteien bei größeren Wahlen einen knappen Vorsprung, so demonstrierten sie doch bei Kommunalwahlen den Minoritätsstatus der Linksparteien in der Stadt. Zwar überholte die SPD zur Landtagswahl 1922 die DVP und wurde mit 36 Prozent stärkste Partei in Dipps. Das linke Parteienkartell erreichte allerdings auch bei dieser Wahl, ganz anders als im Land, keine Mehrheit.[314] Wie in ganz Sachsen blieben Wahlkampf und die Wahlen selbst geprägt von einer Lagermentalität. Wählerwanderung im größeren Maße fand nur innerhalb eines politischen Lagers statt, nicht

[313] Sächsische Landes- und Universitätsbibliothek Dresden: Weißeritzzeitung, 1. Mifi. Z. 184: Film 60, 16.11.1920.
[314] Sächsische Landes- und Universitätsbibliothek Dresden: Weißeritzzeitung, 1. Mifi. Z. 184: Film 62, 07.11.1922.

aber zwischen diesen. Kein Lager vermochte es, in die Stammwählerschaft des Gegenübers einzubrechen.

Ökonomische und politische Krise 1923

Bereits Mitte 1922 hatte sich gezeigt, dass sich aus der sich seit 1919 anbahnenden Inflation eine Hyperinflation entwickelt hatte. Von einer der radikalsten Geldentwertungen sowie vom gesamtglobalen Konjunktureinbruch blieb auch die Dippoldiswalder Wirtschaft nicht verschont. Alle hiesigen industriellen Unternehmen mussten Beschäftigte entlassen. Aufgrund der schlechten Auftragslage konnte die *Strohhutfabrik Reichel* 1922 keine Saisonkräfte einstellen, neun Arbeiter, immerhin knapp 20 Prozent der Gesamtbelegschaft, verloren dadurch ihre Beschäftigung.[315] Im Armaturenwerk *Blanke & Rast* wurde der konjunkturelle Einbruch noch sichtbarer, von den 265 Angestellten, die der Betrieb 1920 ernährte, blieben 1921 noch 192 Arbeitskräfte in einem Lohnverhältnis und 1922 noch 177.[316] Dies bedeutete einen Personalrückgang um 33 Prozent binnen zwei Jahren. Am härtesten traf es jedoch das *Weißeritztalwerk*, welches einen Beschäftigungsrückgang von über 60 Prozent aufwies. Allein aus diesem Unternehmen schieden bis 1922 246 Arbeiter aus.[317] Eine gesamtgewerbliche Übersicht über die Dippoldiswalder Wirtschaft liefert eine Untersuchung aus dem Jahr 1991.[318] Demnach verloren von 1920 bis 1922 knapp 350 Bedienstete ihr Anstellungsverhältnis. Wird dabei berücksichtigt, dass davon zusammen 328 Arbeiter aus den drei untersuchten Industriebetrieben kamen, wird schnell ersichtlich, dass die Industriebeschäftigten wesentlich härter von der Krise getroffen wurden als Angestellte in anderen Branchen. Die gedrückte Lage auf dem Arbeitsmarkt verbreitete eine insgesamt depressive Stimmung, für 1923 gab es nur verhaltene, meist getrübte Erwartungen auf einen Aufschwung. So hieß es am 3. Januar 1923 in der hiesigen Lokalzeitung:

> „Aber immer düsterer ist es um uns geworden. So trübe und grau wie das Wetter des ganzen Jahres war, so trübe und grau, wie es sich auch am letzten Tage gestaltete, so dunkel war es auch in unserem ganzen politischen Leben und abhängig davon auch im Leben jedes einzelnen. Der Versailler Schandvertrag drückt uns mehr und mehr darnieder und führt uns (was ja auch die Absicht unser Feinde ist), dem Elend immer näher. Dazu Unruhen und Demonstrationen innerhalb der Reichsgrenzen, meist ebenfalls

---

[315]Vgl.: Lohgerber- Stadt- und Kreismuseum Dippoldiswalde: Zur ökonomischen Entwicklung der Stadt Dippoldiswalde zwischen 1918 und 1939, Museumsbibliothek 01 22 108: 1991.

[316] Vgl.: Ebenda.

[317] Vgl.: Ebenda.

[318] Vgl.: Ebenda.

politischen Motiven entsprungen, und letzten Endes die Mißernte und Teuerung und Geldentwertung, daß alles lies niemanden froh werden. Ein jeder nahm daher wohl gern Abschied von 1922. [sic]"[319]

Es ist ersichtlich, dass der *Versailler Vertrag* als Quelle für den ökonomischen Niedergang identifiziert wurde. Ausgehend von diesem Interpretationsmuster entwickelten sich wieder verstärkt Ressentiments gegenüber Minderheiten und Nachbarstaaten. Auch Paul Jehne verfiel dem verschärften politischen Klima bzw. neuen Zeitgeist und schrieb in einem Tenor, den es so zuletzt am Vorabend des Ersten Weltkrieges gegeben hatte:

„*Franzosen sind in diesem Hause nicht erwünscht*! Diese Inschrift prangt in großen Lettern vor dem Eingange des großen Hotels *Union* des Herrn Ruschin in Dresden. Dieser nationalgesinnte Hotelbesitzer hat sein Personal auf das strengste angewiesen, Franzosen nicht zu bedienen noch zu beherbergen. Möchten auch andere so handeln."[320]

Eine neue Qualität der *Weißeritz-Zeitung* entwickelte sich auch, als Felix Jehne die Redaktionsleitung übernahm und die Lokalzeitung somit vor einem Generationswechsel stand. Der neue verantwortliche Redakteur berichtet mit auffallender Neutralität. Die neuen politischen Entwicklungen in Sachsen, gerade vor dem Hintergrund der Regierungsbildung, lassen die Distanz zwischen dem Dippser Lokalblatt und der sozialistischen Bewegung weiter schmelzen. Fast schon wohlwollend, aber noch im Konjunktiv schildert Felix Jehne ausführlich die Maifeierlichkeiten, welche 1923 von Kommunisten und Sozialdemokraten gemeinsam begangen werden:

„Den Mittel- und Höhepunkt des Abends bildete die Festrede des Bezirksschulrates Arzt aus Dresden, des für den sozialistischen Gedanken begeisterten und begeisternden, hier nicht unbekannten Schulmannes. [...] Heute seien in Dippoldiswalde Hunderte der roten Fahne nachgezogen, der Fahne einer großen Partei. [...] Und wofür demonstriere man? In erster Linie für die Ideen des Weltfriedens. Das Friede auf Erden der christlichen Religion habe versagt, denn die fast 2000 Jahre, die man es nun lehre, seien ein einziges großes Blutvergießen gewesen, an dem die Kirche stark beteiligt sei. [...] Die Darbietungen fanden durchweg reichen Beifall. Die Internationale, deren letzet Strophe die menge stehend mitsang, bildete den offiziellen Schluß der Maifeier 1923. [sic!]"[321]

Die Ausführungen machen deutlich, wie sich der Ton der Lokalzeitung mittlerweile geändert hatte. Felix Jehne schrieb, den neuen politischen Rahmenbedingungen entsprechend,

[319] Sächsische Landes- und Universitätsbibliothek Dresden: Weißeritzzeitung, 1. Mifi. Z. 184: Film 62, 03.01.1923.
[320] Ebenda, 21.01.1923.
[321] Sächsische Landes- und Universitätsbibliothek Dresden: Weißeritzzeitung, 1. Mifi. Z. 184: Film 63, 03.05.1923.

angepasst und opportun. Sogar als im Vorfeld der kommunistischen Regierungsbeteiligung die pogromähnlichen Übergriffe auf Unternehmer, Prokuristen und Geschäftsführer die Kleinstadt erreichten, schilderte die Zeitung diese Vorfälle ohne jegliche Distanzierung:

> „Donnerstag nachmittag nach 5 Uhr zogen Arbeiter hiesiger Betriebe, in der Hauptsache von den Betrieben *Moritz Hille*, *Blanke & Rast* und *Weißeritztalwerk*, in geschlossenem Zuge nach dem Marktplatze zu einer Demonstration. Fabrikarbeiter [und Ortsgruppenführer der KPD; Anmerk. des Verfassers] Zschering hielt eine Ansprache und bezeichnete Drogist Macheleit als Wucherer, der herbestellt aber nicht erschienen sei. Eine Anzahl der Demonstranten holten Genannten herbei, hingen ihm ein Plakat mit entsprechender Aufschrift um und hoben ihn auf den Rand des Marktbrunnens, von wo er sprechen sollte, was er jedoch verweigerte. Nach einiger Zeit ließ man dann M. frei und die Demonstranten verliefen sich.“[322]

Auch eine Firmenchronik konstatiert, dass sich ausgehend von dem Armarturenwerk, regelrechte „revolutionäre Stimmungen“[323] in der Stadt entluden. Nachdem es in Dippoldiswalde im Sommer 1923 zu mehreren solchen Protestdemonstrationen von kommunistischen und sozialdemokratischen Funktionären kam, kehrte mit der Reichsexekution wieder Ruhe ein. Noch im Dezember wurden die örtlichen KPD-Agitatoren Max Rothe, August Rothe und Clemens Holzschuh vom Dippoldiswalder Schöffengericht wegen gefährlicher Körperverletzung und Hausfriedenbruch zu drei Monaten Haft verurteilt.[324] Das Jahr 1923 hat auch die Dippser Gesellschaft weiter polarisiert. Wie das Krisenjahr 1923 zur Politisierung der Bevölkerung beigetragen hatte, zeigte sich bei den ersten Wahlen nach dem Einmarsch der Reichswehr. Bei der Stadtratswahl vom 13. Januar 1924 sprang die Wahlbeteiligung auf 85 %, im Dezember 1921 waren nur 70 Prozent zu den Wahlen zum Kommunalparlament gegangen. Knapp 450 Bürger mehr konnten mobilisiert werden. Von der Mobilisierung der Nichtwähler profitierten ausschließlich die beiden sozialistischen Parteien. Während die bürgerliche Liste konstant bei knapp 1240 Wählerstimmen verharrte, gewannen die Listen von KPD und SPD zusammen knapp 450 Stimmen.[325] Ihren relativen Stimmenanteil konnten sie damit von 33 Prozent auf 45 Prozent ausbauen. Die Mehrheitsverhältnisse hatten zwar keine grundsätzlich neue Konstellation zur Folge, aber es hatte Verschiebungen gegeben. Die klare Vormachtstellung des Bürgertums zeigte Risse. Grund war nicht etwa ein Ende der Lagermentalität, diese hatte sich abermals

---

[322] Ebenda, 11.08.1923.
[323] Lohgerber- Stadt- und Kreismuseum Dippoldiswalde: Dokumentation der Armaturenfabrik Blanke, Museumsbibliothek 01 21 29: 2002, S. 28.
[324] Vgl.: Groß, Günter; Eichentopf, Marion; Schulze Dietmar, 2005: Stadtchronik Dippoldiswalde, Dippoldiswalde, S. 67.
[325] Vgl.: Ebenda, S. 69.

bestätigt, vielmehr war es den linken Parteien gelungen, tief ins Reservoir der Nichtwähler vorzustoßen. In Dippoldiswalde waren sie es allein, die von der durch die Ereignisse des Jahres 1923 ausgelösten Politisierung profitierten.

Verhaltene Konsolidierung

1924 schien die Wirtschaftskrise überstanden zu sein. Auch in Dippoldiswalde erholte sich das gebeutelte Gewerbe, wenn auch in bescheidenem Umfang wieder von der Rezession der unmittelbaren Nachkriegszeit. Die Strohhutfabrik konnte wieder Saisonarbeitskräfte einstellen und hielt 1924 somit insgesamt 48 Arbeiter in einem Beschäftigungsverhältnis.[326] Die stärkste Erholung verzeichnete die Armaturenfabrik *Blanke & Rast*: „Mit der zusätzlichen Aufnahme der Produktion von Lampenarmen für Kronleuchter, Gehäuse für Lötlampen und verschiedene andere Gegenstände vergrößerte er wiederum seine Angebotspalette."[327] Im Juli wurde mit der Eröffnung eines Tabakgeschäftes ein neuer Geschäftszweig erschlossen und das Angebot abermals erweitert. Die gewerblichen Erweiterungen brachten dem Unternehmen mehr als 30 neue Arbeitsverhältnisse.[328] Von den größeren Industrieanlagen in Dippoldiswalde setzte sich die Rezession lediglich im *Weißeritztalwerk* fort. 1924 verloren dort fast 20 Arbeiter ihre Anstellung.[329] Gesamtgewerblich gesehen, überwog auf dem Arbeitsmarkt allerdings deutlich ein positiver Trend. Die Gesamtbeschäftigungszahl stieg wieder leicht an auf 887. Zwar blieb Dippoldiswalde mit diesen Zahlen weit hinter dem Niveau von 1920 zurück, allerdings wurde dieser Beschäftigungsgrad in den kommenden Jahren noch weiter unterschritten. Erst nach 1934 wurde der Arbeitskräftebedarf von 1924 wieder erreicht.[330]

Zur Reichtagswahl im Mai 1924 stand mit dem *Völkisch-Sozialen Block* erstmals nach Ende des Ersten Weltkrieges ein offen völkisch und antisemitisch agitierendes Parteienbündnis auf dem Stimmzettel der Dippoldiswalder Bürger. Anhand des puren Wahlergebnisses lässt sich auf den ersten Blick keine antisemitische Kontinuität herausschälen. Mit 5,7 Prozent Stimmenanteil lag der Block zwar knapp über dem sächsischen Mittel, blieb damit aber unter dem Reichsdurchschnitt von 6,5 Prozent.[331] Die Hegemonie über das national-konservative Wählermilieu behielt auch in der Kreisstadt weiterhin die DNVP. Über 23,3 Prozent erreichte

[326] Vgl.: Lohgerber- Stadt- und Kreismuseum Dippoldiswalde: Zur ökonomischen Entwicklung der Stadt Dippoldiswalde zwischen 1918 und 1939, Museumsbibliothek 01 22 108: 1991.
[327] Ebenda, S. 12.
[328] Vgl.: Ebenda.
[329] Vgl.: Ebenda.
[330] Vgl.: Ebenda.
[331] Sächsische Landes- und Universitätsbibliothek Dresden: Weißeritzzeitung, 1. Mifi. Z. 184: Film 64, 05.05.1924.

sie in Dippoldiswalde. In vielen umliegenden Dörfern wie z.B. in Hartmannsdorf, Reichstädt, Reichenau, Pretzschendorf, Burkersdorf, Liebenau und Löwenhain gelangen ihr problemlos absolute Mehrheiten. In der Amtshauptmannschaft insgesamt wird sie mit mehr als 10 000 Stimmen und damit 2 000 Stimmen Vorsprung vor der SPD sogar stärkste Partei.[332] Die Hoffnung der Linksparteien auf eine Mehrheit in der Dippoldiswalder Stammwählerschaft erfuhr einen herben Rückschlag. Mit 28 Prozent blieben die Sozialdemokraten zwar stärkste Partei in der Stadt selbst, lagen damit aber mit mehr als 6 Prozent unter dem Mittel des Wahlbezirks Dresden-Bautzen. Die kommunistische Partei hingegen fuhr in Dipps mit 8,8 Prozent in etwa den Landesschnitt ein, lag aber wie ganz Sachsen deutlich unter dem reichsweiten Ergebnis von 12,6 Prozent.[333] Insgesamt lässt sich konstatieren, dass die sozialistischen Linksparteien Wähler an die bürgerlichen Rechtsparteien verloren. Sucht man nach ersten Hochburgen der NSDAP-Vorläuferpartei, wird man nicht fündig. In keiner Ortschaft der Amtshauptmannschaft gelang der antisemitischen Partei ein Ergebnis im zweistelligen Bereich. Welche Rolle das Dippser Wahlergebnis wirklich spielte, zeigt sich erst, wenn man bedenkt, dass der *Völkische Soziale Block* in der Amtshauptmannschaft gerade mal 1,5 Prozent erreicht hat. Mehr als jeder vierte antisemitische Wähler innerhalb der Amtshauptmannschaft stammte aus der Kreisstadt. Da die bürgerlichen Rechtsparteien gleichzeitig Wähler hinzugewannen und nur die Linksparteien, hier im speziellen die SPD, Wähler verloren, bleibt zu vermuten, dass die 133 Wähler des völkischen Zusammenschlusses aus dem Wählerpool der Sozialdemokraten stammten. Auch das Ergebnis in Schmiedeberg verweist auf einen solchen Trend. In der Arbeiterhochburg der Region holte der Block immerhin 50 Wählerstimmen, die DNVP erreichte nur knapp das Doppelte mehr. Ein ganz anderes Bild zeichnete sich dagegen in den Hochburgen der DNVP ab. Dort gelangen der antisystemischen Rechtspartei keine nennenswerten Erfolge. In Hartmannsdorf und Reichenau bekamen die Antisemiten keine einzige Stimme. Auch in Pretzschendorf und Reichstädt konnte der Block nur zwei bzw. fünf Wähler mobilisieren.[334] Das Abschneiden des *Völkisch-Sozialen Blocks* bei den Reichtagswahlen vom Mai 1924 ist deshalb für die vorliegende Arbeit von Bedeutung, weil nachgewiesen werden kann, dass die ersten Wähler der NS-Bewegung aus dem radikalisierten Arbeitermilieu stammten und nicht aus dem rechten Rand des Bürgertums. Einen völlig anders lautenden Befund verlangt dagegen das Ergebnis der Reichtagswahl vom Dezember 1924. Während sich die Stimmenanteile der Antisemiten reichsweit halbierten und selbst im Wahlkreis Dresden-Bautzen von 4,5 auf 1,5

[332] Ebenda.
[333] Ebenda.
[334] Vgl.: Ebenda.

zurückgingen, gewann der Block in der Amtshauptmannschaft an Wählern. Die regionalen Schwerpunkte verteilten sich dabei völlig neu. In Dippoldiswalde blieben von den 133 Wählern vom Mai noch 26, in Schmiedeberg wählten von den einst 50 Wählern noch zwölf die Antisemiten.[335] Demgegenüber standen Stimmenzuwächse in den DNVP - Hochburgen. In Pretzschendorf konnte die antisemitische Bewegung nun statt zwei ganze 61 Wähler mobilisieren. In Burkersdorf erreichte der *Völkisch-Soziale Block* sogar 28 Prozent der Wählerstimmen. Dort wanderte ein Drittel der DNVP – Wählerschaft, knapp 100 Personen, zu den Antisemiten.[336]

Tab.7: Wahlergebnisse völkischer Parteien und Zusammenschlüsse 1924.

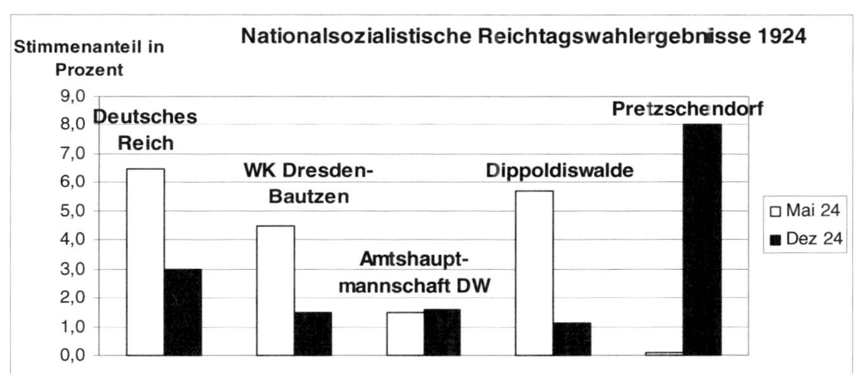

	Mai 24	Dez 24
Deutsches Reich	6,5	3,0
WK Dresden-Bautzen	4,5	1,5
Amtshauptmannschaft DW	1,5	1,6
Dippoldiswalde	5,7	1,1
Pretzschendorf	0,1	8,0

Mai 24: Listenkombination - Antritt unter *Nationalsozialistischer Freiheitspartei / Völkisch-Sozialer Block*
Dez 24: Listenkombination - Antritt unter *Nationalsozialistische Freiheitsbewegung*

Während also im Mai 1924 vor allem Teile des Proletariats zur antisystemischen Rechtspartei gewechselt waren, sattelten im Dezember radikalisierte Teile des bürgerlichen Lagers um. Interessant ist dabei, dass es der völkischen Bewegung tendenziell gelang, wenn auch noch nicht zeitgleich und nur partiell, in beide Lager einzubrechen.

[335] Vgl.: Sächsische Landes- und Universitätsbibliothek Dresden: Weißeritzzeitung, 1. Mifi. Z 184: Film 65, 08.12.1924.
[336] Vgl.: Ebenda.

2.2. Anfänge der nationalsozialistischen Bewegung

„Solche Veranstaltung wie diese hat Dippoldiswalde seit 1914 nicht erlebt."

1925 befand sich die Wirtschaft trotz Stagnation weiterhin in einer relativ stabilen Verfassung. Zwar mussten das *Weißeritztalwerk* und die *Strohhutfabrik H.H. Reichel* Personal abbauen, andere Betriebe verzeichneten demgegenüber allerdings Zuwächse. Die *Armaturenwerke Blanke & Rast* etwa hatten 1925 fast 100 Angestellte mehr als noch 1922.[337] Eine gesamtgewerbliche Statistik bezüglich der Anzahl der Arbeitskräfte belegt, dass die Dippoldiswalder Wirtschaft 1925 ihr Vorjahresniveau in etwa halten konnte.[338] Auch in der Stadtchronik wird deutlich, dass sich die Anzeichen einer ökonomischen und auch sozioökonomischen Stabilität mehrten. So konnten z.B. die privaten Verkehrsbetriebe, welche krisenbedingt seit 1922/23 stillstanden, wieder wirtschaften: „Der Speditionsbetrieb Richard Pietsch erhält durch die Amtshauptmannschaft Dippoldiswalde die Genehmigung zur gewerbsmäßigen Güterbeförderung aus Lastkraftwagen [...] Auch der Fuhrunternehmer Max Leupold erhält durch die Amtshauptmannschaft und den Stadtrat die Genehmigung zur gewerbsmäßigen Personenbeförderung mit einem Personenkraftwagen sowie zur Güterbeförderung mit einem Lastkraftwagen."[339] Daneben schien auch in den Kassen der Stadt wieder mehr Geld vorhanden zu sein. Die Zulegung einer „ersten Automobilspritze für die Freiwillige Feuerwehr Dippoldiswalde vom Typ K 12"[340] im August 1925 sowie die „Grundsteinlegung für die Errichtung der Handels- und Gewerbeschule"[341] im Oktober des gleichen Jahres zeugten von einem zumindest bescheidenen Aufschwung. Im November zählte die Stadt mit 30 Erwerbslosen schließlich einen Tiefststand in der Arbeitslosenstatistik. Die Wahlen zum Reichspräsidenten im Frühjahr 1925 fielen in der Stadt relativ eindeutig aus. Der DVP- nahe und von der DNVP mitunterstützte Kandidat Karl Jarres erreichte in Dippoldiswalde bereits im ersten Wahlgang die absolute Mehrheit. Im zweiten Wahlgang erreichte der DNVP- nahe Hindenburg sogar über 62 Prozent in der Stadt. Die NSDAP mit dem von ihr im ersten Wahlgang aufgestellten Erich Ludendorff hingegen war mit 25 Wählern in der politischen Bedeutungslosigkeit gelandet. Auch in der unmittelbaren Region gab es trotz Schwankungen keine Anzeichen einer frühen NS-Hochburg. Inwiefern dieses

---

[337] Vgl.: Lohgerber- Stadt- und Kreismuseum Dippoldiswalde: Zur ökonomischen Entwicklung der Stadt Dippoldiswalde zwischen 1918 und 1939, Museumsbibliothek 01 22 108: 1991.

[338] Vgl.: Ebenda.

[339] Groß, Günter; Eichentopf, Marion; Schulze Dietmar, 2005: Stadtchronik Dippoldiswalde, Dippoldiswalde, S. 79.

[340] Ebenda, S. 81.

[341] Ebenda, S. 82.

Bild aber über den tatsächlichen kognitiven Raum der hiesigen Bevölkerung hinwegtäuschen kann, beweisen Auftritte und Entwicklungen nationaler und konservativer Organisationen. Trotz der positiven ökonomischen Entwicklungen und den klaren prosystemischen Wahlergebnissen prägten sich nachweislich weitere Radikalisierungstendenzen in der Stadt aus. Im rechten Milieu konnten sich neben den Militär- und Schützenvereinen vor allem die Jugendorganisationen über massiven Zulauf und erfolgreiche Mobilisierungskampagnen freuen. Eine denkwürdige Veranstaltung fand etwa am 1. Mai 1925 statt. Der *Jungdeutsche Orden*, ein nationaler Verband mit eigentlich demokratischen Grundgedanken, driftete im Verlauf der Weimarer Republik immer stärker in republikfeindliches Fahrwasser ab. Von Nordbayern ausgehend, setzte sich auch in Sachsen zunehmend ein antisemitischer Flügel durch. Diese Entwicklung spiegelte sich auch in Dippoldiswalde wider. Besonders interessant ist dabei die Verquickung von salonfähigen Mitte-Rechts-Positionen und nationalsozialistischen Ideologemen. Die *Weißeritzzeitung* widmete sich in ihrer Ausgabe vom 4. Mai 1925 fast auf der gesamten Titelseite der Fahnenweihe des Ordens. In üblichem Berichterstattungstenor heißt es da:

> „War auch der Morgen noch kalt und unfreundlich, am Morgen lachte die Sonne hell und warm herab und schaute zu, wie sich auf der Aue die Einheiten sammelten. Von dort führte der Festzug durch die Weißeritz-, Freiberger- und Altenberger Straße nach dem Obertorplatz und durch die Herrengasse über den Markt nach der Reichskrone, deren Saal schon von halb 5 an dicht besetzt war, so dass man annehmen wollte, die rund 800 Zugteilnehmer würden gar nicht mehr Platz finden. Und es gelang dann doch, aber eng, furchtbar eng gings zu. Der Saal war mit grünen Ranken und Schildern mit dem Ordenskreuz schön geschmückt. Von der Bühne grüßte das Bild Hindenburgs, links und rechts des Saales hingen Bilder Friedrichs des Großen und Bismarcks. Die Ehrentafel vor der Bühne war mit schwarz-weiß-rotem Band und grünen Ranken geziert, brennende Kerzen auf der Tafel gaben feierliches Gespräch.“[342]

Mit dem Bekenntnis zu hohen Repräsentanten der Weimarer Republik stellte man sich zwar auf Positionen der rechten Mitte:

> „Nicht nur die, die unter seiner Führung im Osten gekämpft haben, für jeden der deutschen Sinn und Gewissen hat, ist der Name Hindenburg das Sinnbild der Kraft der Größe. Weil Hindenburg gewählt wurde, glauben wir an unser Volk und dadurch auch an eine bessere Zukunft.“[343]

[342] Sächsische Landes- und Universitätsbibliothek Dresden: Weißeritzzeitung, 1. Mifi Z. 184: Film 66, 04.05.1925.
[343] Ebenda.

Aber auch die Nationalsozialisten, welche unter der Führung Hitlers im zweiten Wahlgang auch Hindenburg unterstützt hatten, hätten keine Probleme damit gehabt, folgende Sätze zu unterschreiben:

> „Dr. Pinder, der Gefolgmeister des hiesigen *Jungdeutschen Ordens*, eröffnete im Auftrage des Hochmeisters Maraun die Veranstaltung. Der Tag solle ein großer Baustein werden in der Geschichte der hiesigen Gefolgschaft und neuen Glauben geben und stärken in der Kraft des Gedankens an die Ziele des *Jungdeutschen Ordens*. Nachdem der erste Schaffer die Frage, ob nur deutsch Denkende und deutsch fühlende anwesend seien, mit ja beantwortet hatte, gab der 2. Schaffer in gereimten Worten dem Tage das Geleitwort mit, dass einst freie Deutschland erst wieder frei werden könne, wenn wir erst selbst wieder deutsch geworden seien."[344]

Der Verweis auf das *deutsche Denken* und das *deutsche Fühlen* ist vor allem auch gegen das vom Klassenkampf geprägte Denken der linken Arbeiterbewegung zu verstehen. Insofern lassen sich im Gesagten bereits Ansätze der Volksgemeinschaftsideologie nachweisen. So auch hier: „Wenn Arbeitgeber und Arbeitnehmer wieder zum Frieden kommen, dann beginnt der Aufstieg."[345] *Vom Klassenkampf zur Volksgemeinschaft* war eine typische Parole der NS-Bewegung. Auch wenn es zu diesem Zeitpunkt noch keine nennenswerten Strukturen oder Wahlergebnisse gab, so beweisen diese Zitate doch eindrucksvoll, dass sich 1925 schon viele Dippoldiswalder in der nationalsozialistischen Gedankenwelt befanden. Eine die Ideologeme zusammenfassende und organisierte Parteienideologie bräuchte demzufolge die Wähler nur noch da abzuholen, wo sie sich kognitiv schon längst befanden. Eine Verquickung von konservativen und völkischen Inhalten existierte wie die vorliegende Studie an anderer Stelle belegen konnte bereits im Kaiserreich. Daneben wird allerdings auch eine völlig neue Entwicklung in der Region sichtbar. Die emotionale Begeisterung über den Auftritt national gesinnter Arbeiter belegt sowohl die Entstehung als auch den wachsenden Stellenwert einer rechten Arbeiterbewegung für die Identitätsstiftung des nationalen Lagers: „Tögel überbrachte die Grüße der nationalen Arbeiter des Plauenschen Grundes, was mit lang anhaltenden Händeklatschen und freudigen Zurufen begrüßt wurde."[346] Bezeichnend auch das Schlusswort der Veranstaltung, in dem es u.a. heißt: „Solche Veranstaltung wie diese hat Dippoldiswalde seit 1914 nicht erlebt."[347] Auch andere Veranstaltungen des Jahres 1925 belegen, dass die Gesellschaft bereit war, dem Drift der Wehrverbände und nationalen Massenorganisationen ins republikfeindliche Fahrwasser zu folgen. Im Juli 1925 warb etwa die *Weißeritz-Zeitung*

---

[344] Ebenda.
[345] Ebenda.
[346] Ebenda.
[347] Ebenda.

für eine Fahnenweihe des paramilitärischen Armes der in großen Teilen antidemokratischen DNVP:

> „Mehrmals bereits haben wir darauf hingewiesen, daß auch diesen Sonnabend und Sonntag wieder eine große festliche Veranstaltung in Dippoldiswalde stattfindet. Die festgebende Organisation ist noch jung, der *Stahlhelm* ists, der Bund der Frontsoldaten, dessen Bezirks- und Ortsgruppe Dippoldiswalde ihre Fahne weiht. Man rechnet wohl mit 2000 oder mehr Teilnehmern. [...] Den Festgästen von auswärts ruft Dippoldiswalde auch diesmal ein herzliches *Willkommen* entgegen. Möge der Wettergott ein freundliches Gesicht machen. [...] Und möge auch sonst nichts die Feststimmung trüben. [sic!]"[348]

Noch deutlicher wird der sich abzeichnende gesellschaftliche Rechtsruck in einem Artikel der *Weißeritzzeitung* vom 13. Juli 1925. Aus mehreren Stellen lassen sich mühelos nationalsozialistische Ideologeme und Versatzstücke herausschälen. Über den Ortsgruppenleiter des Dippoldiswalder *Stahlhelm* berichtet das Blatt:

> „Nach dreiviertel 9 eröffnete Stadtgutsbesitzer Pinder den Kommers mit herzlicher Begrüßung. [...] Er feierte das in Dippoldiswalde ideale Verhältnis zwischen *Jungdeutsch* und *Stahlhelm*, wie ja die ganze Bewegung und damit auch diese Veranstaltung dem Sichzusammenfinden, dem Zusammenschluß des deutschen Volkes gewidmet sei. Der Führer der Ortsgruppe Brand-Erbisdorf brachte kameradschaftliche Grüße von dort. [sic!]"[349]

Die Wortwahl von *Bewegung* und *Führer* offenbart, in welche Richtung es gehen sollte und machten den Abstand deutlich, der sich bereits zum traditionellen Konservatismus, wenn auch noch unbewusst und unreflektiert, eingestellt hatte. Dass dieser Rechtsruck nicht nur von einer gesellschaftlichen Randgruppe getragen wurde, sondern von in hohem Ansehen stehenden Personen, zeigen die Worte des Superintendenten Michael während der Fahnenweihe: „Nach dem Gesang von *Eine feste Burg* weihte der Prediger die Fahne; sie solle schon durch ihr Äusseres mahnen zur Ehrfurcht vor der Vergangenheit, zur Treue dem Vaterlande, bis in den Tod. [sic!]"[350] Am konsequentesten und radikalsten wird der nationalsozialistische Input von einem Reichswehrmajor vorgetragen:

> „Unser Kampf gilt dem Marxismus und der Internationale. Kein Fußbreit deutscher Boden darf aufgegeben werden. Der Vertrag von Versailles konnte uns aufgezwungen werden, anerkennen werden

[348] Ebenda, 11.07.1925.
[349] Ebenda, 13.07.1925.
[350] Ebenda.

> wir ihn nie. Die völkische Bewegung ist der Träger des deutschen Gedankens in der Welt, was leider noch zu wenig erkannt ist auch in den Kreisen der Intelligenz und des Besitzes."[351]

Das Gesagte entspricht einer puren vom Nationalsozialismus geprägten Weltanschauung. Am 13. Juli 1925 wurde somit erstmalig nationalsozialistisches Gedankengut vor großem Publikum in Dippoldiswalde vorgetragen. Das kognitive Potential war demnach ein Pulverfass, welches in ökonomischen Krisensituationen leicht explodieren konnte. Rechtsradikale Versatzstücke gärten schon weit vor der Etablierung des Nationalsozialismus inmitten des öffentlichen Lebens der Stadt. Wenige Jahre später mussten die Nationalsozialisten diesen gesellschaftlichen Saft lediglich noch abfüllen. Wann genau die Dippoldiswalder Ortsgruppe der NSDAP gegründet wurde, ist unklar, die betreffenden Akten fielen 2002 der Jahrhundertflut zum Opfer. Trotzdem lässt sich aus der Recherche der Zeitungsquellen ableiten, dass sie sich zwischen Spätsommer und Herbst 1925 gegründet haben muss. Hätte sie es im Juli 1925 bereits gegeben, hätte sie auch Erwähnung in den zitierten Artikeln gefunden. Am 11. November 1925 richtete die NSDAP eine erste nachweisbare Veranstaltung in der *Reichskrone* aus.[352] Veranstalter war eine *Ortsgruppe Dippoldiswalde*. Über den Versammlungsverlauf sowie über die Funktionäre des jungen Verbandes existieren keine gesicherten Erkenntnisse. Neben der schleichenden gesellschaftlichen Etablierung rechtsextremer Milieus isolierte sich die politische Linke weiter. Mitte Juli 1925 wurden vier führende KPD-Funktionäre darunter Clemens Holzschuh, Kurt Trubig und Max Fischer wegen Sprengstoffdiebstahls festgenommen und nach Freiberg überführt.

Radikale Parteien ohne Chance

Noch Ende des Jahres 1925 traten Anzeichen einer ökonomischen Krise auf. In den Rechenschaftsberichten, welche die Stadt monatlich für die Kreishauptmannschaften verfasste, wurde schon im Dezember 1925 über die schlechte wirtschaftliche Lage informiert.[353] Die Phase der ökonomischen Entspannung war auch in Dippoldiswalde nur ein Intermezzo gewesen. Von den 856 registrierten Dippser Arbeitskräften im Jahr 1925 verblieben 1926 noch 575.[354] Der neue Tiefpunkt ist vor allem auf den Zusammenbruch der

---

[351] Ebenda.

[352] Groß, Günter; Eichentopf, Marion; Schulze Dietmar, 2005: Stadtchronik Dippoldiswalde, Dippoldiswalde, S. 82.

[353] Kreisarchiv Landratsamt Sächsische Schweiz – Osterzgebirge: Politische und wirtschaftliche Nachrichten, 3434-223, S. 23.

[354] Vgl.: Lohgerber- Stadt- und Kreismuseum Dippoldiswalde: Zur ökonomischen Entwicklung der Stadt Dippoldiswalde zwischen 1918 und 1939, Museumsbibliothek 01 22 108: 1991.

größeren Metall- und Holz verarbeitenden Industrieunternehmen zurückzuführen. Die *Strohhutfabrik Reichel*, die Armaturenwerke *Blanke & Rast* sowie das *Weißeritztalwerk* standen vor der größten Krise seit 1919. Sogar die Negativwerte der Inflationskrise wurden übertroffen. Während die Strohhutfabrik 12 der 32 Angestellten entlassen musste und bei den Armaturenwerken statt 258 nur noch 117 Arbeiter ein Beschäftigungsverhältnis behielten, erlebte das *Weißeritztalwerk* einen Totalzusammenbruch. 106 Arbeiter mussten das Unternehmen verlassen, es blieben gerade mal 16 Arbeitskräfte im Werk beschäftigt.[355] Trotz dieser sozioökonomischen Rahmenbedingungen profitierten die radikalen Antisystemparteien zunächst nicht von der Krise. Im Jahr 1926 blieb es in Dippoldiswalde relativ ruhig, lediglich die Gründung einer Ortsgruppe des *Roten Frontkämpferbundes* am 9. Mai erfährt behördliche Aufmerksamkeit. Die Eckdaten dieser Veranstaltung zeichnen allerdings eher das Bild einer schwachen Linken im Raum Dippoldiswalde. Während der *Stahlheim* im Jahr zuvor noch mehr als 1000 Teilnehmer mobilisieren konnte, erreichten die Kommunisten gerade mal um die 180 Personen. Darunter waren viele Gäste aus Freital, Dresden oder Schmiedeberg. Über die Gesamtsituation klagte ein Versammlungsteilnehmer aus Schmiedeberg, dass das „Proletariat der hiesigen Gegend bisher vernachlässigt worden sei“[356]. Auch der Rechenschaftsbericht der Stadt hält fest, dass von den 150 Personen im Saal der Reichskrone lediglich 10 aus der Stadt stammten.[357] Politisches Desinteresse bekamen allerdings auch andere Parteien zu spüren. Artikel der *Weißeritzzeitung* deuten an, dass der Wahlkampf schleppend verlief und es allen Parteien schwer fiel, Mitstreiter und Sympathisanten zu mobilisieren: „Gleich der Wählerversammlung der *Deutschnationalen Volkspartei* am vergangenen Sonnabend war auch die der *Deutschen Volkspartei* recht schwach besucht.“[358] Ein ähnliches Bild bei der SPD: „Gestern Donnerstag abend hielt nun auch die dritte große Partei des Landtages, die Sozialdemokratische Partei, ihre Wählerversammlung ab, aber auch hier das gleiche Bild wie bei den anderen, eine Wählermüdigkeit im Versammlungsbesuch. Nur rund 60 Hörer, bzw. Hörerinnen, hatten sich eingefunden.“[359] Bei den Landtagswahlen im Oktober 1926 zeichneten sich in Dippoldiswalde abermals klare bürgerliche Mehrheiten ab. Stärkste Partei wurde die DVP, welche die SPD aber nur deswegen auf den zweiten Platz verwies, weil diese Wähler an die KPD verloren hatte. Zwar erreichten die Kommunisten in

[355] Vgl.: Ebenda.
[356] Sächsische Landes- und Universitätsbibliothek Dresden: Weißeritzzeitung, 1. Mifi. Z. 184 Film 68, 10.05.1926.
[357] Vgl.: Kreisarchiv Landratsamt Sächsische Schweiz – Osterzgebirge: Politische und wirtschaftliche Nachrichten, 3434-223, S. 33.
[358] Sächsische Landes- und Universitätsbibliothek Dresden: Weißeritzzeitung, 1. Mifi. Z. 184 Film 69, 26.10.1926.
[359] Ebenda, 29.10.1926.

Dippoldiswalde mit über 10 Prozent ihr bis dahin bestes Ergebnis in der Stadt, sie gewannen diese Wähler aber nur auf Kosten der SPD hinzu.[360] Dazu kam, dass die KPD damit weit unter dem Landesdurchschnitt blieb. Ein Grund für das vergleichsweise miserable Abschneiden könnte in den zahllosen Straftaten zu finden sein, in welche die kommunistischen Funktionäre verwickelt waren und potentielle Wähler verschreckt haben dürfte. Erst im Juni stand der lokale KPD-Funktionär Kurt Trubig wegen unerlaubten Waffenbesitzes vor dem Dippoldiswalder Amtsgericht.[361] Am interessantesten ist aber das Ergebnis der NSDAP. Die Ortgruppe scheint es 1926 entweder nicht mehr gegeben zu haben oder sie blieb einfach nur aktionslos. Mit 12 mobilisierten Wählerstimmen entfaltete sie jedenfalls keine ernstzunehmende Wirkung auf die ansässige Bevölkerung. Von dem Niedergang der DNVP, die in ihrer einstigen Hochburg mit 10 Prozent deutlich unter dem Landesdurchschnitt abschnitt, konnten die Nationalsozialisten mitnichten profitieren. In Pretzschendorf verhält sich die Situation demgegenüber völlig anders. Zwar blieb dort die DNVP stärkste Kraft, durch das dadurch geschaffene politische Klima fiel es der NSDAP aber leichter, salonfähig zu werden. Fast die Hälfte aller NS-Wähler der Amtshauptmannschaft stammten aus dem Dorf im Westen des Kreises. Während die DNVP seit den Reichtagswahlen ungefähr 100 Wähler verloren hatte, konnte die NSDAP um 100 Wähler zulegen.[362] Mit jetzt 155 NSDAP-Wählern und einem relativen Stimmenanteil von 23 Prozent wurde sie schon 1926 zweitstärkste Kraft in Pretzschendorf. Nur in Friedersdorf und Burkersdorf konnte sie ähnlich punkten. In allen anderen Kommunen des Kreises fuhr sie marginalisierende Ergebnisse ein. Interessant an dieser Analyse ist vor allem die Tatsache, dass die NSDAP bei der Landtagswahl 1926 zwar in drei Dörfern zweitstärkste Kraft war, in allen anderen Kommunen aber überhaupt keine Rolle spielte. Ein mittleres Ergebnis gab es nicht, entweder schnitt sie ganz stark oder ganz schwach ab. Daneben gilt es auch der geographischen Dimension der Wahlen Beachtung zu schenken. Der sächsischen Entwicklung entsprechend, lagen die nationalsozialistischen Hochburgen im Westen der Amtshauptmannschaft. Auch die zu untersuchende Region wurde demnach, wie Sachsen im allgemeinen, von West nach Ost von den Nationalsozialisten erobert. Dieser Trend fand hier also im kleineren Maßstab eine Bestätigung. Bei den zwei Wochen später stattfindenden Stadtverordnetenwahlen bestätigte sich die festgefahrene politische Kultur abermals. Während

---

360 Ebenda, 01.11.1926.

361 Groß, Günter; Eichentopf, Marion; Schulze Dietmar, 2005: Stadtchronik Dippoldiswalde, Dippoldiswalde, S. 87.

362 Sächsische Landes- und Universitätsbibliothek Dresden: Weißeritzzeitung, 1. Mifi. Z. 184: Film 69, 01.11.1926.

linke Parteien an Stimmen verloren, konnten die bürgerlichen Listen hinzugewinnen.[363] Die Nationalsozialisten schafften in Dippoldiswalde nicht einmal einen Antritt zur Kommunalwahl. Die Ortsgruppe der NSDAP und etwaige Strukturen, sofern sie überhaupt noch existierten, übten sich in der Kreisstadt in Lethargie.

Die Ruhe vor dem Sturm - Vor der gesamtgesellschaftlichen Politisierung

Die nächsten Jahre waren auch in Dippoldiswalde von einem wirtschaftlichen Auf und Ab geprägt. Entspannte sich die ökonomische Lage 1927 wieder etwas, insbesondere als Folge des Baus der Talsperre Lehnmühle, so sank sie 1928 wieder auf das Niveau von 1926. Eine längerfristige Wachstumsphase war nicht in Sicht, unterbrochen bzw. kurzzeitig abgeschwächt wurde die Rezension lediglich von einem erneuten kleinen wirtschaftlichen Hoch. Das *Weißeritzalwerk* etwa konnte 1927 23 Arbeiter neu einstellen und seine Beschäftigungszahl damit mehr als verdoppeln. Schon im Jahr darauf mussten jedoch 21 Angestellte die Firma wieder verlassen.[364] Ähnliche Entwicklungen gab es auch bei den Armaturenwerken *Blanke & Rast* und der *Strohhutfabrik Reichel*.[365] Dippoldiswalde schwebte in einer latenten sozioökonomischen Krisensituation. Inwiefern konnten die Antisystemparteien davon profitieren? Zunächst starteten linke Organisationen eine Frühjahrskampagne. Am 1. April 1927 veranstaltete die Ortsgruppe der *Roten Hilfe Ostsachsen* ein Konzert in der *Reichskrone*. Ende des Monats organisierte der *Rote Frontkämpferbund* einen Spielmannszug durch die Stadt.[366] Den 1. Mai 1927 begangen Kommunisten und Sozialdemokraten schließlich gemeinsam. Trotzdem gelangen den sozialistischen Arbeiterparteien nur mäßige Mobilisierungserfolge. So heißt es etwa in den Rechenschaftsberichten des Stadtrates über die gemeinsame Feier am 1. Mai: „Die Beteiligung war nicht übermäßig stark."[367] Auch der *Reichsbanner Schwarz-Rot-Gold* konnte die Einwohner von Dippoldiswalde nicht zur Teilnahme an einer Veranstaltung bewegen: „Der Kommers war nur schwach besucht."[368] Anfang Dezember 1927 fand eine Veranstaltung der DNVP in der Reichskrone statt. Als Redner sprach neben dem Ortsgruppenvorsitzenden und Stadtrat Jäckel auch der Landtagsagbeordnete Max Schreiber. Dieser bekannte sich offen zur Republik und zur Demokratie: „Man sage der Partei nach, sie

---

[363] Ebenda, 15.11. 1926.
[364] Vgl.: Lohgerber- Stadt- und Kreismuseum Dippoldiswalde: Zur ökonomischen Entwicklung der Stadt Dippoldiswalde zwischen 1918 und 1939, Museumsbibliothek 01 22 108: 1991.
[365] Vgl.: Ebenda.
[366] Vgl.: Kreisarchiv Landratsamt Sächsische Schweiz – Osterzgebirge: Politische und wirtschaftliche Nachrichten, 3434-223, S. 40.
[367] Ebenda, S. 42.
[368] Ebenda, S. 44.

sei reaktionär, monarchistisch. Sie habe seit 1918 bewiesen, daß sie sich sehr wohl in die neuen Zustände hineingelebt habe, und herauszuholen suche, was möglich ist. Auch die Deutschnationalen wollen aufbauen, weiter aufbauen auf den alten Grundfesten. [sic!]“[369] Die DNVP schien, wahrscheinlich aufgrund der immer schlechter werdenden Wahlergebnisse, etwas in die Mitte rücken zu wollen. Trotz eines ausführlichen Berichts in der *Weißeritz – Zeitung* kann davon ausgegangen werden, dass auch diese Veranstaltung von der Bevölkerung nur mäßig angenommen wurde. In den Rechenschaftsberichten des Stadtrates ist von 150 Teilnehmern die Rede.[370] Im Frühjahr 1928 verflog das politische Desinteresse zunächst nicht. Während eine von Kommunisten organisierte Erwerbslosenveranstaltung nur von 80 Personen besucht war, blieb auch der Besuch an einem Stahlhelmabend im Januar 1928 „nur mäßig“[371] besucht. Auffällig ist aber, dass Felix Jehne, verantwortlicher Redakteur des auflagenstärksten Blattes in der Stadt, eine Affinität zu rechtsextremen Organisationen aufweist. Während die *Weißeritzzeitung* die Veranstaltung der KPD vollends ignoriert und kommunistische Aktivitäten totschweigt, verfällt er offensichtlich der Agitation des *Stahlhelms*. Über den vortragenden Kapitänleutnant schrieb er: „War von dem Vortragenden auch vieles bekannt, so folgte man doch gern den Worten des Vortragenden, und erinnerte sich dessen, was einst unser war, was wir heute nicht mehr besitzen. [...] Man muß sich nur verwundern, was ein Mensch alles aushalten kann und kommt zu der Überzeugung, daß der Redner eine wahrhaft eiserne Natur besessen haben muß. [sic!]“[372] Dass Jehne schrieb, der Reichskronensaal wäre „voll besetzt“[373] gewesen, entsprach nicht den Tatsachen und verweist abermals darauf, dass er den rechten Organisationen keineswegs so ablehnend gegenüber stand wie etwa den linken. Indes brach in seinem Artikel typisches nationalsozialistisches Vokabular an die Oberfläche. In dem Vortrag wurden völkische Kernideologeme offensichtlich: „Er wies hin auf die ungeheuren Lasten des Dawes - Abkommen, auf den Verlust unserer Wehrfähigkeit. Von waffenstarrenden Nationen umgeben, müßten auch wir wieder wehrhaft werden. Das zu erreichen, sei Ziel des *Stahlhelm*. Niemals werde auf Erden der Kampf aufhören. Im Existenzkampf der Völker entscheide das Schwert. [sic!]“[374] Neben dieser sozialdarwinistischen Komponente trat auch der den Klassenkampf überwindende

[369] Vgl.: Sächsische Landes- und Universitätsbibliothek Dresden: Weißeritzzeitung, 1. Mifi. Z. 184: Film 71, 05.12.1927.
[370] Kreisarchiv Landratsamt Sächsische Schweiz – Osterzgebirge: Politische und wirtschaftliche Nachrichten, 3434-223, S. 50.
[371] Ebenda, S. 51.
[372] Sächsische Landes- und Universitätsbibliothek Dresden: Weißeritzzeitung, 1. Mifi. Z. 184: Film 71, 19.01.1928.
[373] Ebenda.
[374] Ebenda.

Volksgemeinschaftsgedanke offen zu Tage: „Ueber 60 % der Mitglieder im *Stahlhelm* seien Arbeiter. Alle, mit denen zusammen man einst im Schützengraben gestanden, seien willkommen in den Reihen des *Stahlhelm*. [sic!]"[375] Angesichts des politischen Manövers der DNVP, welche sich immer weiter in Richtung der politischen Mitte bewegte, war eine nationalistische Weltanschauung parteipolitisch nicht mehr aggregiert. Mit der Mäßigung der Deutschnationalen war sowohl ein ideenpolitisches als auch ein parteienpolitisches Vakuum entstanden. Im Hinblick auf die Entfaltung der Nationalsozialisten bedeutete dies, dass nun ein größer werdender Wählerpool existierte, aus dem eine Rechts-Außen-Bewegung hätte schöpfen können. Dennoch gelang es der Hitlerbewegung vorerst nicht, in diese gesellschaftspolitischen Lücken herein zu stoßen. Von der sich verschlechternden Situation der Landwirtschaft profitierte zunächst noch der *Sächsische Landbund* und die DNVP, welche die sich entwickelnde Unzufriedenheit parteipolitisch absorbierten. Auf einer gemeinsamen Protestveranstaltung wurden in Zeiten größten politischen Desinteresses immerhin 300 Personen mobilisiert.[376] Demgegenüber belegen die Akten des Stadtrates, dass es zu diesem Zeitpunkt noch keine kampagnefähigen Strukturen der Nationalsozialisten in Dippoldiswalde gab. Wahrscheinlich aufgrund des gesteigerten Aktionismus der Hitlerbewegung, die sich von Westsachsen kommend immer weiter in Sachsen festsetzte, wurden die staatlichen Behörden im April 1928 zunehmend aufmerksam, ein Problembewusstsein hatte sich entwickelt. In einem Schreiben der Kreishauptmannschaft Dresden, warnt die Behörde vor einer zunehmenden „rechtsradikalen Agitation in der Bauernschaft"[377] und fordert Lageberichte. Das Antwortschreiben des Stadtrates bestätigt die vorangestellte Annahme, dass die Nationalsozialisten in der Tat noch keinen Zugriff auf die ansässige Bevölkerung hatten. Vielmehr wurden die ländlichen Bevölkerungsteile und deren Protestpotential noch von der DNVP sowie dem Landbund gebunden:

> „Im hiesigen Stadtbezirke sind Wahrnehmungen, daß Nationalsozialisten und Völkische unter Ausnutzung der gegenwärtigen schlechten wirtschaftlichen Lage der Landwirtschaft eine außerordentlich radikale Agitation in der Bauernschaft entfalten, nicht gemacht worden. Der am 12. März des Jahres auch hier veranstaltete Demonstrationszug der Landwirte, über den bereits berichtet wurde, ist vom *Landbund* veranlaßt worden. Die gelegentlich desselben und bei anderen Versammlungen erfolgten Ansprachen haben Angehörige der *Deutschnationalen Volkspartei* gehalten. [sic!]"[378]

---

[375] Ebenda.
[376] Kreisarchiv Landratsamt Sächsische Schweiz – Osterzgebirge: Politische und wirtschaftliche Nachrichten, 3434-223, S. 56.
[377] Ebenda, S. 57.
[378] Ebenda, S. 58.

Von den Mobilisierungsschwierigkeiten der Parteien zeugt auch der 1. Mai 1928. Gerade mal 70 Personen brachte die SPD noch auf die Straße. Wurde der 1. Mai 1927 noch zusammen gefeiert, richteten Kommunisten und Sozialdemokraten 1928 wieder getrennte Feiern aus. Besonders die kommunistische Geschichtsschreibung der DDR sah in diesem Auseinanderdriften der Arbeiterparteien eine Ursache für das Erstarken der Hitlerbewegung. Die linke Arbeiterschaft konnte aufgrund ihrer Spaltung demnach nur wenig Sympathie ausüben bzw. gewinnen. Dies wurde abermals bei den Reichtagswahlen 1928 deutlich. Zwar konnten die Kommunisten in Dippoldiswalde auf nun 13 Prozent zulegen und damit ein Ergebnis über dem Durchschnitt des Reiches und auch dem des Wahlkreises Dresden – Bautzen einfahren, die Sozialdemokraten in der Stadt verharrten dagegen auf vergleichsweise niedrigem Niveau.[379] Während im gesamten Wahlkreis fast 40 Prozent der Wähler für die SPD votierten, erreichte die Partei in der Kleinstadt an der Weißeritz nur jeden vierten Wähler. Zwar reichte dieses Ergebnis, um aufgrund der Parteienzersplitterung stärkste Kraft in Dippoldiswalde zu werden, von absoluten Mehrheiten wie in Schmiedeberg oder Oelsa konnten die Sozialdemokarten hier aber nur träumen. Die kommunistischen Zugewinne reichten bei weitem nicht aus, um die bürgerliche Mehrheit der Stadt zu gefährden. Außerordentliche Gewinne in der Amtshauptmannschaft fuhr der *sächsische Landbund* ein, welcher ein nicht zu unterschätzendes Protestwählerpotential band. In Burkersdorf, Dittersbach, Dittersdorf, Friedersdorf, Fürstenau, Hartmannsdorf, Johnsbach, Liebenau, Nassau, Pretzschendorf, Reichenau, Reichstädt, Reihardtsgrimma, Reinholdshain und Röthenbach wurde der Landbund sogar stärkste Partei. Die NSDAP wurde durch die Reichtagswahl weiter marginalisiert. Lediglich im westlichen Kreisgebiet spielte sie weiterhin eine Rolle. In Pretzschendorf wurde sie mit knapp 19 Prozent immerhin zweitstärkste Partei. In Dippoldiswalde gaben aber nur 48 Wähler den Nationalsozialisten ihre Stimme. Mit knapp 2 Prozent des Gesamtwähleranteils lag die Stadt damit im Trend des Wahlkreises, allerdings deutlich unter dem Reichsdurchschnitt. Wie nah die NSDAP aber schon an Dippoldiswalde herangekommen war, zeigt sich an den Ergebnissen vom Wahlkreis Chemnitz – Zwickau, von dem die Stadt nur etwas mehr als 18 km entfernt war. Dort hatten die Nationalsozialisten bereits 10,3 Prozent der Stimmen geholt. Mit Pretzschendorf gab es zudem eine erste braune Hochburg im Bezirk, welche konstant überproportionale Ergebnisse für die NSDAP erreichte. Im weiteren Verlauf des Jahres 1928 politisierte sich die Region wieder etwas stärker. Im August organisierte der *Rotfrontkämpferbund* eine Versammlung mit rund 200 Personen in

---

[379] Sächsische Landes- und Universitätsbibliothek Dresden: Weißeritzzeitung, 1. Mifi. Z. 184: Film 72, 21.05.1928.

Dippoldiswalde. Im gleichen Monat fand auch ein überregionales Parteitreffen der SPD statt, an dem immerhin 1 500 Menschen teilnahmen.[380] Nachdem es um die NSDAP in Dipps lange ruhig geblieben war, lässt sich für den 30. Oktober 1928 erstmals wieder eine Aktivität nachweisen. In der *Reichskrone* warben Mitglieder der *Hitlerjugend* für die nationalsozialistische Weltanschauung. Die vortragenden Redner kamen aus dem im westlichen Teil des Kreises befindlichen Ortschaften Klingenberg und Pretzschendorf. Dass der Ausgangspunkt für diese politische Stimulation im westlichen Teil des Kreises zu verorten war, hatte sich durch die vorangegangenen Entwicklungen sowohl in der Amtshauptmannschaft als auch im Land Sachsen angekündigt. Der Angestellte Schmidt und der in der Landwirtschaft tätige Wenzel berichteten vor 15 Teilnehmern von der völkischen Jugendbewegung.[381] Es ist anzunehmen, dass mit dieser Veranstaltung wieder NS-Strukturen in die Stadt transportiert und installiert wurden.

3. Dippoldiswalde und der Untergang der Weimarer Republik

3.1. Der Aufstieg der Nationalsozialisten in Dippoldiswalde

Die günstige Ausgangssituation

Trotz einer leichten Erholung auf dem Arbeitsmarkt blieb die wirtschaftliche Lage in der Stadt angespannt. Zwar konnten die meisten Großbetriebe 1929 wieder Einstellungen vornehmen, insgesamt blieb die Wirtschaft aber weit unter dem Niveau von 1927, ganz zu schweigen von den gesamtgewerblichen Kennziffern aus dem Jahr 1925.[382] Die ökonomische Krise hatte sich mittlerweile zu einem permanenten Dauerzustand entsponnen. Es ist daher wenig verwunderlich, dass in den wirtschaftlichen Berichten des Stadtrates von einer Erholung auf dem Arbeitsmarkt nichts zu lesen ist. Durchgängig setzte sich ein Negativbild vom gesamtwirtschaftlichen Zustand durch. Allmonatlich wusste das Gremium des Stadtparlaments Berichte wie folgenden zu verfassen:

> „Die wirtschaftliche Lage hat sich eher verschlechtert als gebessert. In der Metallindustrie wird noch voll gearbeitet. Die Pappenfabrik hat den Betrieb auf 2 Schichten beschränkt. Die Holzindustrie klagt

[380] Kreisarchiv Landratsamt Sächsische Schweiz – Osterzgebirge: Politische und wirtschaftliche Nachrichten, 3434-223, S. 66.
[381] Ebenda, S. 68.
[382] Vgl.: Lohgerber- Stadt- und Kreismuseum Dippoldiswalde: Zur ökonomischen Entwicklung der Stadt Dippoldiswalde zwischen 1918 und 1939, Museumsbibliothek 01 22 108: 1991.

über schlechteren Geschäftsgang als im Vormonat. Namentlich in der 2. Hälfte des Monats Juni seien Aufträge fast gar nicht eingegangen. In der Strohhutfabrikation ist die Saison vorüber. Der Absatz der Fabrik landwirtschaftlicher Maschinen kann noch als gut bezeichnet werden. Die Bautätigkeit lässt nach wie vor zu wünschen übrig.“[383]

Zeugt dieser Bericht noch von verhaltenen guten Ergebnissen, bleibt dabei aber zu beachten, dass es sich mit dem Monat Juli hier um die gewerbliche Hochsaison auf dem Arbeitsmarkt handelt. Ein Bericht des Monats Dezember 1929 verdeutlicht das wahre Ausmaß der ökonomischen Krisensituation in Dippoldiswalde:

„Die wirtschaftliche Lage hat sich gegen den Vormonat verschlechtert. Die Armaturenwerke *Blanke & Rast* mussten infolge Ausbleibens von Aufträgen 10 Mann entlassen und ließen vom 24.12.1929 bis zum 2.1.1930 den Betrieb ganz ruhen. In der Pappenfabrik bestehen nach wie vor nur geringe Absatzmöglichkeiten, sodaß die Firma eine Einschränkung des Betriebes erwägt. Die Stroh- und Filzhutfabrik hat ihr Personal auf 2 Arbeiter und 4 Arbeiterinnen vermindert, da keine Aufträge vorliegen. Sie hat ebenfalls vom 23.12.1929 bis zum 2.1.1930 den Betrieb ruhen lassen. [...] In der Fabrik für landwirtschaftliche Maschinen blieb der Absatz stark hinter dem des Vorjahres zurück. Die Firma mußte erneut 5 Arbeiter entlassen. Eine Besserung ist vorläufig nicht zu erwarten, da bei den Landwirten Kapitalmangel herrscht. Infolge der allgemein schlechten Wirtschaftlage entsprach der Umsatz im Handelsgewerbe zu Weihnachten nicht den Erwartungen. [sic!]“[384]

Die depressive Stimmung und Unzufriedenheit sowie die tatsächliche, latente Krisensituation gepaart mit einer grundsätzlichen immanenten Republik- und Demokratieverdrossenheit bildeten einen perfekten Nährboden für radikale Antisystemparteien. Die stets wachen Existenzängste, teils berechtigt teils geschürt, untergruben das letzte Vertrauen in Staat und Gesellschaft und führten zu einer breiten Radikalisierung von Jugend und Bürgertum. Infolge bildete diese Situation einen optimalen Raum für die Mobilisierungsversuche von Antisystemparteien. Zunächst verharrte diese Mobilisierung auch in Dippoldiswalde in herkömmlichen Mustern. Während die KPD im Frühjahr 1929 Erwerbslosenversammlungen organisierte und dabei bis zu 150 Personen mobilisieren konnte, blieb eine Veranstaltung der Nationalsozialisten im Februar mit rund 15 Personen recht schwach besucht.[385] Allerdings mehrten sich die Anzeichen, dass die Nationalsozialisten auch in der Kreisstadt gute Vorraussetzungen vorfinden würden, Zugang zum Wählerpool zu erhalten. Zum einen ist eine solche Vorraussetzung in der Zerstrittenheit der sozialistischen Arbeiterbewegung zu finden.

---

[383] Kreisarchiv Landratsamt Sächsische Schweiz – Osterzgebirge: Politische und wirtschaftliche Nachrichten, 3434-223, S. 81.
[384] Ebenda, S. 91.
[385] Vgl.: Ebenda, S. 73.

Zwar überbewertete die Geschichtsschreibung der DDR diese Entwicklung, dennoch lässt sich nicht ganz leugnen, dass diese Spaltung das althergebrachte Arbeiterbewusstsein verstörte und für Orientierungsschwierigkeiten sorgte. 1929 wurde der 1.Mai abermals getrennt gefeiert: „Leider gelang es in dieser Zeit nicht, die Aktionseinheit der beiden großen Arbeiterparteien, der KPD und SPD, herzustellen. Dadurch wurde es den Faschisten leicht gemacht, viele politisch unaufgeklärten Menschen für ihre demagogische Politik zu gewinnen."[386] Daneben zeigte sich im März 1929 einmal mehr, dass völkisches und revanchistisches Gedankengut Teil der Dippoldiswalder Gesellschaft war. Als die „völkische Lyrikerin"[387] Maria Kahle in der *Reichskrone* über ihr „biologisch-rassistisches Gesellschaftsbild"[388] philosophieren durfte, stellte Felix Jehne von der *Weißeritz-Zeitung* begeisternd fest: „Es war eine Stunde, die an das Innerste jedes guten Deutschen griff, die anfeuerte, auszuhalten in der schweren Zeit des Reichsaufbaus, die forderte, uns der Jugend, der Zukunft unseres Volkes anzunehmen. Maria Kahle ist eine Dichterin voll glühender Vaterlandsliebe..."[389] Eine weitere günstige Ausgangsbedingung bot sich den Nationalsozialisten mit der schwindenden Integrationskraft und Mobilisierungsfähigkeit der etablierten Parteien. Dass von dieser Entwicklung insbesondere die DNVP betroffen war, verdeutlicht an welchem politischen Rand das größte Vakuum entstand. Wie ein Bericht des Stadtrates zeigt, gelang es selbst vor der Landtagswahl keiner Partei Breitenwirkung zu erzielen:

> „Vor der Landtagswahl hielten die meisten Parteien Versammlungen ab, die im allgemeinen schlecht besucht waren. Folgende Versammlungen fanden statt:
> Am 3.5. im Schützenhaus eine Versammlung der SPD mit ca. 80 Personen.
> Am 4.5. in Stadt Dresden eine solche der DNVP mit 22 Personen.
> Am 5.5. in der Reichskrone eine solche der Wirtschaftspartei mit 55 Personen."[390]

Trotz dieses inhaltlichen und politischen Vakuums, gelang es der NSDAP nicht sich bis zur Landtagswahl im Mai 1929 in der Region zu verankern. Mit gerade mal 33 Stimmen und 1,3 Prozent lag die Partei in der Stadt deutlich unter dem landesweiten Ergebnis von 5,0

---

[386] Kreisarchiv Landratsamt Sächsische Schweiz – Osterzgebirge: Festschrift zum 750jährigen Jubiläum von Dippoldiswalde, Archivbibliothek: 1968, S. 28.
[387] http://www.lwl.org/literaturkommission/alex/index.php?id=00000003&letter=K&layout=2&author_id=00000704&SID=e3d71c1af7dc79ccca655071a4aeb4cf am 13.10.2009.
[388] Ebenda.
[389] Sächsische Landes- und Universitätsbibliothek Dresden: Weißeritzzeitung, 1. Mifi. Z. 184: Film 74, 13.03.1929.
[390] Kreisarchiv Landratsamt Sächsische Schweiz – Osterzgebirge: Politische und wirtschaftliche Nachrichten, 3434-223, S. 80.

Prozent.[391] Außer in wenigen Ortschaften des westlichen Kreisgebietes blieb die Hitlerbewegung auch in der Amtshauptmannschaft marginalisiert. Nur in Burkersdorf und Pretzschendorf wurde sie mit 21 bzw. 11,8 Prozent drittstärkste Kraft. Insgesamt holte sie im Verwaltungsbezirk Dippoldiswalde knapp über 2 Prozent.[392] Demnach kann festgestellt werden, dass es der NSDAP im Frühjahr 1929 noch nicht gelungen war, in der Region Fuß zu fassen. Angesichts der eben dargestellten günstigen Vorraussetzungen, die das geistige und politische Klima für die Nationalsozialisten in der Kreisstadt konserviert hielt, blieb es allerdings nur eine Frage der Zeit bis die nationalsozialistische Bewegung auch in der Region Dippoldiswalde ankam. Die NS-Bewegung hat sich von daher nicht eigenständig in der untersuchten Region formiert bzw. entfaltet. Sie war ein Exportprodukt und war von den überregionalen Geschehnissen beeinflusst. Demzufolge war die Region Dippoldiswalde weder ein Ursprungsgebiet noch eine frühe Hochburg der Nationalsozialisten. Vielmehr waren es reichs- und sachsenweite Entwicklungen, die dazu führten, dass sich das Erfolgsmodell des *Nationalsozialismus* auch in der Stadt an der roten Weißeritz etablieren sollte.

Erste Mobilisierungserfolge stellen sich ein

Noch im September 1929 veranstaltete die NSDAP unter dem Thema *Der Nationalsozialismus – der Staatsgedanke des 20. Jahrhunderts* einen Vortragsabend in der Gastwirtschaft *Stadt Dresden*.[393] Dass die Versammlung von der Ortsgruppe Dresden organisiert wurde, wirft ein bezeichnendes Licht auf die bis dato kaum existierenden Strukturen der Hitlerbewegung in der Region. Dennoch blieb die Veranstaltung von großem Interesse begleitet, immerhin 80 Personen hatten sich laut dem Stadtratsbericht eingefunden. Mit der bis dato größten NS-Veranstaltung in Dippoldiswalde erhielt die Partei erstmalig ein regionales Gewicht. Auch wenn die lokale Bewegung vom Gestaltungswillen der Dresdner Strukturen abhängig blieb, müssen 80 Teilnehmer ausgereicht haben, um zum Stadtgespräch in der Kleinstadt zu werden. Noch im gleichen Monat hatte die seit langem in Dippoldiswalde aktive KPD nur 50 Teilnehmer mobilisieren können.[394] Aufgrund des späten Aktivwerdens der Nationalsozialisten in Dippoldiswalde gelang es der Partei nicht, zur Kommunalwahl im November mit einer eigenen Liste anzutreten. Zur Stadtverordnetenwahl behielt die

[391] Vgl.: Sächsische Landes- und Universitätsbibliothek Dresden: Weißeritzzeitung, 1. Mifi. Z. 184: Film 74, 13.05.1929.
[392] Vgl.: Ebenda.
[393] Vgl.: Kreisarchiv Landratsamt Sächsische Schweiz – Osterzgebirge: Politische und wirtschaftliche Nachrichten, 3434-223, S. 87.
[394] Vgl.: Ebenda.

althergebrachte Lagermentalität der Dippoldiswalder ihre Gültigkeit. Abermals standen zehn Vertreter des bürgerlichen Lagers fünf Vertretern der politischen Linken gegenüber.[395] Die Nationalsozialisten blieben damit in Dippoldiswalde zumindest machtpolitisch isoliert. Trotzdem vergrößerte sich ihr Einfluss in der Stadt, noch im Dezember 1929 fand eine weitere Saalveranstaltung der Partei statt. Vor knapp 50 Zuhörern wetterte der Redner gegen den *Young-Plan* und dessen Auswirkungen.[396] Der Reparationsplan, welcher Deutschland bis 2010 Zahlungsverpflichtungen auferlegte, wurde vor allem von Seiten der politischen Rechten scharf kritisiert. Mit der Veranstaltung konnte die NSDAP dieses wichtige Thema besetzen und sogar die Meinungsführerschaft übernehmen. Damit eroberten die Nationalsozialisten einen wichtigen politischen Raum von der sowieso geschwächten und kaum kampagnefähigen DNVP. Rückenwind erhielt die Bewegung von der Weltwirtschaftskrise, welche die gesellschaftlichen Zustände weiter verschärfte. Mit diesem Konglomerat an günstigen Rahmenbedingungen gelang der NSDAP spätestens im Januar 1930 der gesellschaftliche Durchbruch. Noch am 1. Januar wurde die eingeschlafene Ortsgruppe wieder zum Leben erweckt, der 1898 in Dippoldiswalde geborene Hans-Georg Schubert wurde zu deren Vorsitzenden bestellt.[397] In der Folge entfaltete sich auch in Dippoldiswalde ein omnipräsenter NS-Aktionismus. Die politischen Nachrichten des Stadtrates berichteten:

> „Am 17. Januar hielt die hiesige Ortsgruppe der *Nationalsozialistischen Deutschen Arbeiterpartei* im *Goldenen Stern* eine öffentliche Versammlung ab, die von 270 Personen besucht war. Als Saalschutz waren außerdem noch 40 Mann der Dresdener SA anwesend. Etwa eine Stunde nach Beginn der Versammlung erschienen 30 Anhänger der KPD und begehrten Einlaß. Er wurde ihnen versagt, da der Saal bereits vorher wegen Überfüllung polizeilich gesperrt worden war. Die Versammlung wurde von dem hier wohnhaften Kaffeehausbesitzer Schwarz geleitet. [...] Nach Schluß der Veranstaltung zogen die Anhänger der NSDAP und die Dresdner SA in das Kaffeehaus des Versammlungsleiters Schwarz. In der gegenüberliegenden *Schankwirtschaft Hickmann* hatten sich die Anhänger der KPD versammelt. Sie empfingen die Nationalsozialisten mit *Heil Moskau* und *Rot Front* Rufen und stimmten ein Kampflied ein."[398]

Mit dem Ortsgruppenvorsitzenden der NSDAP, dem Dentisten Schubert und dem Gastronom Schwarz hatte die Hitlerbewegung in der Stadt Gesichter bekommen. In einer Kleinstadt wie

[395] Vgl.:Groß, Günter; Eichentopf, Marion; Schulze Dietmar, 2005: Stadtchronik Dippoldiswalde, Dippoldiswalde, S. 117.
[396] Vgl.: Kreisarchiv Landratsamt Sächsische Schweiz – Osterzgebirge: Politische und wirtschaftliche Nachrichten, 3434-223, S. 91.
[397] Vgl.: Kreisarchiv Landratsamt Sächsische Schweiz – Osterzgebirge: Beurteilungen nach 45, 3825-329, S. 5.
[398] Kreisarchiv Landratsamt Sächsische Schweiz – Osterzgebirge: Politische und wirtschaftliche Nachrichten, 3434-223, S. 94.

Dippoldiswalde, in der Politik stark personifiziert wahrgenommen wurde, ist dieser Umstand von nicht zu unterschätzender Wichtigkeit. Die Teilnehmerzahl von über 300 hatte Rekordcharakter und muss zur weiteren Politisierung in der Region beigetragen haben. Auch in der zu untersuchenden Region trieben die Nationalsozialisten von nun an alle anderen Parteien vor sich her. Da die Anhängerschaft der Hitlerbewegung besonders durch ihre Jugendlichkeit geprägt war, konnte sie bestens mobilisieren und war in der Lage Kampagnen zu führen. Die NSDAP und ihre Vorfeldorganisationen hatten deshalb den ausschlaggebenden Anteil an der zunehmenden gesamtgesellschaftlichen Politisierung ab 1929/30. Auch Dippoldiswalde wurde von dieser Entwicklung eingeholt: „Während in den Jahren 1926 bis 1928 die politischen Parteien kaum an die Öffentlichkeit traten, änderte sich das in den Jahren 1929 bis 1932 sichtbar."[399] Durch ihre permanente Agitation provozierte die NSDAP andere Parteien zu Gegenreaktionen, sie riss insbesondere die sozialistischen Arbeiterparteien aus ihrer Lethargie. In diesem entstehenden Dauerwahlkampf entwickelte sich ein günstiges Klima für Antisystemparteien, insbesondere für die jugendliche Hitlerbewegung. Einher ging damit aber auch eine noch stärkere gesellschaftliche Polarisierung. Wie bedrohlich die Atmosphäre auch in der sonst ruhigen Kleinstadt wurde, lässt sich noch im gleichen Bericht feststellen, in dem es weiter heißt:

> „Beim Abzuge der Dresdner SA wiederholten die Kommunisten ihre Zurufe. Der hier wohnhaft gewesen Friseurgehilfe Vogel rief ihnen darauf zu: *Ihr benehmt euch wie Schweine*. Die Kommunisten wollten Vogel deshalb verprügeln, der aber sofort ins *Kaffeehaus Schwarz* flüchtete. Ein Nachdringen der Kommunisten wurde durch die Polizei verhindert. Später bat Vogel um Polizeischutz, da vor seiner Wohnung mehrere Burschen warteten. Der Schutz wurde ihm gewährt."[400]

Mit den drohenden Auseinandersetzungen verschärfte sich das politische Klima in Dippoldiswalde „in einer Zeit, da die Not des Staates und des Volkes auf das höchste gestiegen ist"[401].

„Eine starke Bewegung geht durch Stadt und Land"

Im Frühjahr 1930 erreichte die Mobilisation der NS-Bewegung neue Rekorde. In den Monaten Februar und März organisierte die NSDAP in Dippoldiswalde zwei große

---

[399] Kreisarchiv Landratsamt Sächsische Schweiz – Osterzgebirge: Festschrift zum 750jährigen Jubiläum von Dippoldiswalde, Archivbibliothek: 1968, S. 28.

[400] Kreisarchiv Landratsamt Sächsische Schweiz – Osterzgebirge: Politische und wirtschaftliche Nachrichten, 3434-223, S. 94.

[401] Groß, Günter; Eichentopf, Marion; Schulze Dietmar, 2005: Stadtchronik Dippoldiswalde, Dippoldiswalde, S. 118.

Veranstaltungen mit jeweils über 700 bzw. 750 Teilnehmern. Die alteingesessenen Kader der KPD schafften es nicht annähernd so viele Personen zu mobilisieren. Das Interesse an der Hitlerpartei erschien riesengroß zu sein. Verzweifelt über die Erfolge der Nationalsozialisten, denen es binnen kürzester Zeit gelungen war, ihrer politische Ausrichtung einen Bewegungscharakter zu geben, identifizierten die Kommunisten die NSDAP auch als Konkurrenz. Der Antifaschismus wurde somit zu einem wesentlichen Aktionsmuster der Linken. Im Anschluss an eine KPD-Veranstaltung rief der Redner die Teilnehmer sogar dazu auf, die zeitgleich stattfindende Veranstaltung der NSDAP zu stören: „Zum Schlusse forderte er die Anwesenden auf, abends geschlossen zur Versammlung der Nationalsozialisten zu erscheinen, um diesen zu zeigen, was Arbeiterfäuste können.“[402] Die Hysterie um die Hitlerbewegung stimulierte die Erfolge selbiger noch stärker. Im Zuge der weiteren Polarisierung wurden so die natürlichen Feinde der NS-Gegner, darunter große Teile des liberalen und konservativen Bürgertums, in die Hände der Nationalsozialisten getrieben.[403] Den Aktionismus der NSDAP brachen die Proteste und Störungen indes nicht. Als der bekannte SA-Gruppenführer Manfred von Killinger im März 1930 in Dippoldiswalde sprach, wurde er von mehr als 750 begeisterten Zuhörern empfangen. So schrieb die *Weißeritz-Zeitung*:

> „Eine starke Bewegung geht durch Stadt und Land. Überall finden Versammlungen der Nationalsozialisten statt. So gestern Abend auch wieder hier. Man hat diesmal den größten Saal des Ortes gewählt, den Schützenhaussaal. Und das ist notwendig. Schon vor 8 Uhr warten viele vor der Tür. Und rasch füllt sich der Saal.“[404]

Was in den Nachkriegsjahren von vielen Soziologen ermittelt wurde, bestätigt auch Felix Jehne: „Alle Altersklassen sind vertreten; auch viele Frauen.“[405] Demnach erreichte die Hitlerbewegung auch in Dippoldiswalde Angehörige aller Schichten. Sogar Frauen, die sich sonst nur schwerlich für politische Zwecke mobilisieren ließen, besuchten die nationalsozialistischen Veranstaltungen. In seiner Ansprache vor dem Dippoldiswalder Publikum warb von Killinger instinktiv um Aktive aus den Wehrverbänden: „Um eine

[402] Kreisarchiv Landratsamt Sächsische Schweiz – Osterzgebirge: Politische und wirtschaftliche Nachrichten, 3434-223, S. 95.
[403] Das Phänomen des Antiantifaschismus ist als solches wissenschaftlich noch nicht operrationalisiert wurden und hält somit für die Geschichtswissenschaft keine Erkenntnisse bereit. Die Polarisierung zwischen Freunden und Feinden der Hitlerbewegung ab 1930 trug aber nach Ansicht des Autors einen wesentlichen Anteil an der Konstituierung des Nationalsozialismus als Massenorganisation bei. Künftigen Sozial- und Geschichtswissenschaftlern bleibt dieser Untersuchungsgegenstand vorbehalten.
[404] Sächsische Landes- und Universitätsbibliothek Dresden: Weißeritzzeitung, 1. Mifi. Z. 184: Film 76, 27.03.1930.
[405] Ebenda.

breitere Front zu schaffen, habe man sich vor dem Auseinandergehen der Formationen an *Wehrwolf* und *Stahlhelm* gewandt, bei den Mitgliedern auch Verständnis gefunden, nicht aber bei deren Führern."[406] Von Killinger wusste, dass in der sächsischen Provinz der Schlüssel zum Durchbruch bei den deutschnationalen Verbänden und Organisationen zu finden war. Deshalb präsentierte er sich und seine Partei auch als die institutionalisierte Gussform des nationalen Gedankens. Die NSDAP sollte die Partei verkörpern, in welcher die Ziele und Inhalte aller deutschnationalen und völkischen Verbände, bzw. Organisationen parteipolitisch aggregiert waren: „Schließlich hat der große Gedanke eine Form gefunden in der *Nationalsozialistischen Deutschen Arbeiterpartei*."[407] Von Killinger stieß mit dieser Rhetorik in Dippoldiswalde auf offene Ohren. Zahlreiche Veranstaltungen von *Stahlhelm* und *Jungdeutschen Orden* bei gleichzeitigem Verlust der Bindungskraft der DNVP bei Wahlen sowie Versammlungen, zeugten von dem großen gesellschaftlichen Vakuum, welches mittlerweile entstanden war. Die Nationalsozialisten machten sich nun daran dieses Potential aufzusaugen. Daneben lassen sich auch Versuche orten, auf sozialistisches Terrain vorzustoßen: „Bauer und Arbeiter sollen sich nicht bekämpfen sondern gemeinsam sagen: *Bis hierher und nicht weiter!*"[408] Auch das regionale Medium offenbarte inhaltliche Berührungspunkte mit der neuen politischen Erscheinung. Trotz ihrer vermeintlichen Distanz wird unverkennbar eine Nähe ersichtlich. Nach der Schilderung der Ausführungen des Redners und des darauf einsetzenden lang anhaltenden Beifalls notierte die Schriftleitung eine eigene Anmerkung: „Ob nicht ohne manchen recht scharfen Ausdruck und ohne manche recht scharfe Apostrophierung politischer Gegensätze der gleiche oder noch größere Erfolg zu erzielen wäre? Wir glauben sogar das letztere! Die Schriftleitung."[409] Distanziert wurde sich explizit nur vom Ton, nicht von den Inhalten. Die *Weißeritz-Zeitung* hat somit dazu beigetragen, die Hitlerbewegung salonfähig zu machen. Das war sie spätestens jetzt auch in Dippoldiswalde. Im Vorfeld der Landtagswahlen im Juni 1930 organisierte die NSDAP zwei weitere Saalveranstaltungen zu denen sie 150, bzw. 220 Personen mobilisieren konnte. Daneben mobilisierte nur noch die KPD, deren Veranstaltung allerdings nur von 45 Zuhörern aufgesucht wurde.[410] Klarer Gewinner der Wahl wurde schließlich auch in Dippoldiswalde die NSDAP, welche sich binnen eines Jahres von 33 auf 663 Stimmen um das zwanzigfache

406 Ebenda.
407 Ebenda.
408 Ebenda.
409 Ebenda.
410 Vgl.: Kreisarchiv Landratsamt Sächsische Schweiz – Osterzgebirge: Politische und wirtschaftliche Nachrichten, 3434-223, S. 103.

gesteigert hatte.[411] Gleichzeitig verloren die DVP rund 200, die DNVP rund 100 und die Mittelstandspartei sogar 300 Wähler. Mit knapp 27 Prozent war die Partei nicht nur von einer Splitterpartei zur stärksten Kraft in Dippoldiswalde avanciert, sie war in Dipps nun fast doppelt so stark wie im sächsischen Schnitt. Dabei war sie tief in das bürgerliche Lager eingedrungen. Zum ersten Mal seit 1871 hatten bürgerliche Parteien in Dippoldiswalde keine Mehrheit bei Wahlen gefunden. Vom Aufstieg der NSDAP unberührt blieben zunächst nur das Nichtwähler- sowie das linke Lager. Während die Wahlbeteiligung konstant blieb, büßte das linke Parteienspektrum nur marginal ein. Verschiebungen gab es nur zwischen den beiden sozialistischen Arbeiterparteien. Vom Dauerwahlkampf, der scharfen Polarisierung und der sich radikalisierenden Wählerschaft profitierte schließlich die KPD, welche der SPD rund 70 Wähler streitig machen konnte. Auch in anderen Ortschaften der Amtshauptmannschaft ließ sich ein Zuwachs der Hitlerbewegung beobachten. Dabei blieb der Durchbruch nicht nur auf den Westen des Kreises beschränkt. Neben Dippoldiswalde wurde die NSDAP auch in Bärenfels, Burkersdorf, Dittersbach, Gombsen, Hartmannsdorf, Nassau und Reinhardtsgrimma stärkste Partei im Ort. Die besten Ergebnisse holte sie mit 41 Prozent in Pretzschendorf, mit 43 Prozent in Niederfrauendorf und mit 46 Prozent in Reinholdshain.[412] Auch während des bald darauf einsetzenden Reichtagswahlkampfes blieben die Versammlungen der Hitlerbewegung die am besten besuchten in Dippoldiswalde. Einen Überblick über die einzelnen Veranstaltungen liefern abermals die politischen Nachrichten des Stadtrates. Demnach mobilisierten die DVP 50, die Staatspartei 45, die DNVP 60, die KPD 150, die NSDAP 450, die Wirtschaftspartei 40 und die SPD 200 Teilnehmer auf ihre Wahlkampfveranstaltungen.[413] Die Zahlen belegen allerdings nicht nur die Überlegenheit der regionalen Nationalsozialisten in Sachen Mobilisierungs- und Kampagnefähigkeit. Sie deuten ebenfalls an, dass auch die anderen Parteien bemerkt hatten, dass sie das Instrument der Menschenmobilisierung lange Zeit vernachlässigt hatten. Die NSDAP hatte die Parteien lange vor sich hergetrieben, sie wurden von der Geschwindigkeit, mit welcher sich die NS-Bewegung ausbreitete, regelrecht überrollt. Nun setzten auch die anderen Parteien wieder verstärkt auf Versammlungen, Veranstaltungen und der Rekrutierung neuer Anhänger. Die weitere Politisierung verschärfte das ohnehin schon angeheizte politische Klima. Auch in Dippoldiswalde kam es nun, wenn auch in vergleichbar geringem Umfang, zu handgreiflichen Auseinandersetzungen: „Anhänger der KPD versuchten den Umzug der NSDAP zu stören,

[411] Vgl.: Sächsische Landes- und Universitätsbibliothek Dresden: Weißeritzzeitung, 1. Mifi. Z. 184: Film 77, 23.06.1930.
[412] Vgl.: Ebenda.
[413] Vgl.: Kreisarchiv Landratsamt Sächsische Schweiz – Osterzgebirge: Politische und wirtschaftliche Nachrichten, 3434-223, S. 109.

was jedoch durch die Polizei verhindert wurde. [...] Gegen 1 Uhr kam es zu einem Zusammenstoß zwischen 2 Anhängern der Hitlerjugend und 3 Kommunisten, wobei eine Person verletzt wurde."[414] Tatsächlich konnte die Reaktivierung der übrigen Parteien den Zulauf zur NSDAP leicht abschwächen. In Dippoldiswalde verlor sie bei den Wahlen zum Reichstag rund 20 Wähler, während die sozialistischen Linksparteien knapp 200 ehemalige Nichtwähler dazu gewinnen konnten.[415] Damit schienen die Nationalsozialisten auch in Dippoldiswalde an Grenzen gestoßen zu sein. Die Barriere des Nicht- und Linkswählerpools konnte auch hier noch nicht tangiert werden.

3.2. Die Nazifizierung der Dippser Gesellschaft

„Eine nationalsozialistische Versammlung löst die andere ab"

Ende 1930 verschlechterte sich die ökonomische Situation auch im Osterzgebirge weiter. Nachdem die Unternehmen in den vergangenen Jahren zahlreiche Entlassungen durchgeführt hatten, um wirtschaftlich zu bleiben, gelang dieser Spagat nun immer weniger. In Dippoldiswalde setzte daraufhin ein Betriebsterben ein. Schon im Januar 1931 meldeten die wirtschaftlichen Nachrichten des Stadtrates: „Die Pappenfabrik hat am 22.12.1930 ihren Betrieb stillgelegt und die letzten 40 Arbeitskräfte entlassen."[416] Auch die dauernde Stilllegung des *Weißeritztalwerkes* kostete knapp 40 Beschäftigten die Arbeit. Im Mai 1931 löste sich schließlich die *Stuhlfabrik Buschow* auf.[417] Selbst im August, der Hochsaison des Wirtschaftszweiges, gab es auf dem Bau keine Entwarnung: „Das Baugewerbe ruht so gut wie ganz."[418] Noch im November gerät die *Strohhutfabrik Reichel* in Konkurs, womit die 17 letzten im Unternehmen verbliebenen Arbeitskräfte ihr Einkommen verloren.[419] Auch das Dippoldiswalder Vorzeigeunternehmen, die Armaturenwerke *Blanke & Rast*, mussten ihre Belegschaft zwischen 1930 und 1931 halbieren, um einigermaßen die Bilanzen auszugleichen. Von den einstmals 260 Mann, die der Betrieb noch 1925 beschäftigte, blieb im Zuge der Weltwirtschaftskrise nur noch ein spärlicher Belegschaftsrest von 49 Mann übrig:

---

[414] Ebenda.
[415] Vgl.: Sächsische Landes- und Universitätsbibliothek Dresden: Weißeritzzeitung, 1. Mifi. Z. 184: Film 77, 15.09.1930.
[416] Kreisarchiv Landratsamt Sächsische Schweiz – Osterzgebirge: Politische und wirtschaftliche Nachrichten, 3434-223, S. 114.
[417] Vgl.: Ebenda, S. 126.
[418] Ebenda, S. 132.
[419] Vgl.: Lohgerber- Stadt- und Kreismuseum Dippoldiswalde: Zur ökonomischen Entwicklung der Stadt Dippoldiswalde zwischen 1918 und 1939, Museumsbibliothek 01 22 108: 1991.

„Im Jahre 1930 erreichte der Betrieb einen Tiefpunkt. Die Löhne konnten teilweise nicht voll gezahlt werden. […] *Blanke* war gezwungen, mehrere Arbeiter zu entlassen.“[420] Eine gesamtgewerbliche Statistik offenbart das ganze Dilemma für die Stadt. Nach zehn Jahren Weimarer Republik blieben von den 1160 angestellten Arbeitskräften im Jahr 1920, 1931 nur noch etwas mehr als 400.[421] Diese Entwicklung verschärfte die Existenzängste der Menschen zusehends. Hatten sich bis 1931 bereits große Schichten des radikalisierten Bürgertums in den Reihen der Hitlerbewegung wieder gefunden, so begannen die Nationalsozialisten nun auch außerhalb des Wahlkampfes den Bewegungscharakter ihrer Partei aufrecht zu erhalten. Den Opfern der Krise sollte eine politische Perspektive gegeben werden. Im Dezember 1930 titelte etwa das Lokalblatt: „Die Nationalsozialistische Deutsche Arbeiterpartei arbeitet jetzt mit Hochdruck. […] Gestern Abend wurde wieder eine solche im *Schützenhaus* abgehalten, die ziehmlich gut besucht war, besonders wenn man die Häufung solcher Veranstaltungen in letzter Zeit berücksichtigt.“[422] Auf den Veranstaltungen wurde nun intensiver als zuvor um die Angehörigen der Arbeiterklasse geworben, die Nationalsozialisten wollten auch in dieses Milieu einbrechen. So versuchte der NSDAP-Reichtagsabgeordnete des Wahlkreises Dresden-Bautzen, Karl Martin aus Annaberg, auf einer Parteiversammlung den antikapitalistischen Konsens der nationalen und internationalen Sozialisten herauszuschälen:

> „Redner […] wiest nach, daß die NSDAP im Reichstage die meisten wirklichen Arbeiter (SPD und KPD reden nur davon) […] zähle. Seine Partei bekämpfe Warenhäuser und Konsumvereine, weil diese den Mittelstand ruinieren und der Arbeiter einen wirklichen Nutzen davon nicht habe. […] Der Kapitalismus ist mit drakonischen Maßnahmen beizukommen. Wir werden den Stall ausmisten. [sic!]“[423]

In Zeiten, in denen das Wirtschaftssystem tatsächlich kollabiert war und damit in den Augen vieler Menschen seine Legitimität verspielt hatte, muss diese antikapitalistische Rhetorik auch auf viele von der Krise gebeutelte und von den lange mitregierenden Sozialdemokraten enttäuschte Dippoldiswalder verlockend gewirkt haben. Tatsächlich hatten diese Anstrengungen auch in der zu untersuchenden Region Erfolg. Mit dem Rabenauer Osternack lies sich ein führender lokaler Funktionär der *Sozialistischen Arbeiterjugend* (SAJ) von den

420 Ebenda.
421 Vgl.: Ebenda.
422 Sächsische Landes- und Universitätsbibliothek Dresden: Weißeritzzeitung, 1. Mifi. Z. 184 Film 78, 09.12.1930.
423 Ebenda, 15.01.1931.

Nationalsozialisten bekehren.[424] Osternack wurde neben Schubert und Delang zu einem der regional aktivsten Nationalsozialisten. Während die Hitlerbewegung sich politisch stärker nach links orientierte und ihre Anstrengungen im Arbeitermilieu intensivierte, vernachlässigte sie dabei nicht den erst gewonnen radikalisierten bürgerlichen Wählerpool. In Dippoldiswalde gelang dieser Spagat ohne größere Reibungen. Eine Stahlhelmveranstaltung im Februar 1931 verdeutlichte mit über 600 Teilnehmern das große Potential der Wehrverbände und ihre damit verbundene Bedeutung für die NSDAP in der Region Dippoldiswalde, belegte aber auch, dass die hiesigen Formationen des *Stahlhelms* voll auf NS-Linie waren: „Mit der braunen Front steht unsere graue zusammen, getrennt marschieren, vereint schlagen!“[425] Auch im März 1931 fanden allwöchentliche Politveranstaltungen statt. Dabei konnte die NSDAP den Aktionismus ihrer Anhängerschaft aufrechterhalten. „Eine nationalsozialistische Versammlung löst die andere ab“[426], heißt es dazu am 2. März in der *Weißeritz-Zeitung*. Aber auch die anderen Parteien hatten Mobilisierungserfolge zu verbuchen. Die Veranstaltungen von SPD und KPD wurden von jeweils 250 Teilnehmern aufgesucht.[427] Der schwellende Dauerwahlkampf hatte auch gewalttätige Auseinandersetzungen zur Folge. Im März 1931 berichtete der Stadtrat in seinen politischen Nachrichten sogar von einer Messerstecherei:

> „Der Vorfall hat sich am 14. März, nachts gegen 11 Uhr, auf der Altenberger Straße in Dippoldiswalde zwischen 2 Schmiedeberger Reichsbannerangehörigen und 3 hier wohnhaften Brüdern Kaiser, die Anhänger der NSDAP sind, zugetragen. Nach Aussage der Brüder Kaiser sind sie von den Reichsbannerleuten in dem hiesigen Lichtspielhause Nitzsche, in dem sie zu einer Vorstellung waren, gehänselt und belästigt worden. Nach Schluß der Vorstellung waren sie auf dem Heimwege von den Reichsbannerleuten weiterhin belästigt worden, sodaß es zu einer Schlägerei gekommen sei. Dem Wirt des an der Altenberger Straße befindlichen *Huthhauses*, in das sich die 2 Reichsbannerleute nach der Schlägerei begaben, um sich abwaschen zu können, da einer am Kopf blutete, gaben sie an, sie seien von den 3 Brüdern Kaiser überfallen und mit dem Messer gestochen worden. Als der Wirt die Polizei benachrichtigen wollte, haben dies beide abgelehnt. Die Brüder Kaiser bestreiten, mit dem Messer gestochen oder mit anderen Gegenständen geschlagen zu haben. [...] Von den Brüdern Kaiser hat einer eine Schnittwunde am Mittelfinger, der andere eine Stichwunde am Daumen. Sie gaben an, nicht sie, sondern die Reichsbannerleute hätten von dem Messer Gebrauch gemacht.“[428]

---

[424] Sächsische Landes- und Universitätsbibliothek Dresden: Weißeritzzeitung, 1. Mifi. Z. 184: Film 80, 28.10.1931.
[425] Sächsische Landes- und Universitätsbibliothek Dresden: Weißeritzzeitung, 1. Mifi. Z. 184: Film 78, 07.02.1931.
[426] Ebenda, 02.03.1931.
[427] Vgl.: Kreisarchiv Landratsamt Sächsische Schweiz – Osterzgebirge: Politische und wirtschaftliche Nachrichten, 3434-223, S. 122.
[428] Ebenda, S. 121.

Der Vorfall unterstreicht die neue Dimension politischer Gewalt, auch Dippoldiswalde blieb von den Übergriffen der unterschiedlichen Parteianhänger nicht verschont. Dabei bleibt zu vermuten, dass zahlreiche solcher Auseinandersetzungen in der Region für die Geschichtswissenschaften unrekonstruierbar bleiben, da viele Taten keine behördliche Registrierung erfuhren.

„Hakenkreuz oder Christenkreuz"

Im stark protestantisch geprägten Osterzgebirge, war dem Pfarrer stets ein hohes Maß an moralischen Einfluss sicher. Umso mehr wird es für die hiesige Hitlerbewegung von Nutzen gewesen sein, dass gerade der ansässige Pfarrer zu einem wichtigen Aktivisten der lokalen NSDAP wurde. Ernst Walter Müller war erst im August 1930 zum Dippser Pfarrer berufen worden.[429] In Folge entwickelte er ein starkes Engagement für die nationalsozialistische Idee. Im Mai 1931 trat er im Zusammenhang mit einer Sturmfahnenweihe das erste Mal für die NSDAP in die Öffentlichkeit. In seiner Weihrede lies er deutlich erkennen, welchem Gedankengut der Pfarrer verfallen war: „Die Fahne, die geweiht und enthüllt wird, soll Euch aufrufen zum Kampfe. [...] ein Kampf der nichts anderes ist, als der Ausdruck der Gebundenheit unseres Lebenswillens. Ein Sturm zur innersten Revolution der Seele. [...] ihr milites patriae, ich miles Christi."[430] Es ist stark davon auszugehen, dass der gebildete Geistliche dabei genau wusste, in welchem Dunstkreis er verkehrte. Noch im Anschluss an die Weiherede bekannte sich ein führender NSDAP-Redner unverblümt zur Staatsform der Diktatur: „Denn der Tag sei nicht mehr fern, wo das schwarz-rot-goldene Banner dem Hakenkreuze weichen werde, wo an Stelle der weichlichen Demokratie die nationale Diktatur der schaffenden Stände errichtet werde."[431] Die Teilnahme von Pfarrer Müller hatte Folgen, sie spaltete das bürgerliche und sozialistische Lager in Dippoldiswalde tiefer als je zuvor. Eine eilig dazu von SPD und KPD einberufene Versammlung offenbarte die tiefen gesellschaftlichen Gräben der Zeit. In der *Weißeritz-Zeitung* hieß es dazu:

> „Die Sturmfahnenweihe der NSDAP am vergangen Sonntag und vor allem der Umstand, daß Pfarrer Müller die Weihrede dabei hielt, hat weite Bevölkerungskreise unserer Stadt in lebhafte Erregung versetzt, ja man kann wohl ruhig behaupten, die Bevölkerung in zwei große Lager gespalten, hier die, die in dieser Handlung Pfarrer Müllers nichts anderes sehen, als eine unpolitische Rede eines freien

[429] Vgl.: Groß, Günter; Eichentopf, Marion; Schulze Dietmar, 2005: Stadtchronik Dippoldiswalde, Dippoldiswalde, S. 123.

[430] Sächsische Landes- und Universitätsbibliothek Dresden: Weißeritzzeitung, 1. Mifi. Z. 184: Film 78, 11.05.1931.

[431] Ebenda.

Staatsbürgers, dort die, die sich verletzt fühlen, daß ein Diener Christi die Fahne einer besonders scharf eingestellten politischen Partei weihte. [sic!]"[432]

Während der Versammlung kam es zu einer regen Diskussion. Zunächst sahen sich die sozialistischen Vortragenden in der Annahme gestärkt, dass die Kirche ein *Handlanger des Kapitalismus* sei, um dann den Angehörigen des Proletariats den längst überfälligen Austritt aus der Kirche nahe zu legen: „Die Scheidung her, je klarer desto besser."[433] Später wurde dem anwesenden Pfarrer Müller Gelegenheit gegeben, sich zu seinem Verhalten zu äußern. Begleitet von zustimmenden Beifall und ablehnenden Zwischenrufen führte er unter anderem aus: „Sie können mir drohen, Sie können mich schlagen, ich stehe zu meiner Handlung. [...] Die Kirche lasse den Pfarrern Gewissenfreiheit."[434] Rückendeckung bekam Müller vom Superintendenten Wilhelm Max Michael: „Hätte man sich im anderen Lager Mühe gegeben, zu ergründen, wie es zu der Bewegung gekommen sei, man könnte der NSDAP keinen Vorwurf machen. [...] Und wer Pfarrer Müller kenne, wisse, wie sehr er für seine Gemeinde tätig ist."[435] Eine große Versöhnung blieb aus und die Fronten waren nach wie vor verhärtet. Tatsächlich erklärten allein im Monat Mai 71 Angehörige der evangelischen Kirche ihren Austritt. In den Monaten Januar bis April waren es noch 22 gewesen.[436] Zwei weitere Veranstaltungen im Oktober und November 1931 belegen, dass sich Müller immer stärker den Nationalsozialisten zuwandte und schließlich ein wichtiger Aktivist für die Hitlerbewegung vor Ort wurde. Auf einer von 250 Personen besuchten Veranstaltung unter dem Thema *Hakenkreuz oder Christenkreuz* beteiligte sich unter anderem Pfarrer Müller an der Aussprache. Nachdem der Dresdner Pfarrer Coch und der Rabenauer Arbeiterfunktionär Osternack durch den Abend geführt hatten, bekannte sich Müller offen zu seiner NSDAP-Mitgliedschaft: „Aus Ehrlichkeit sei er ihr beigetreten. Wer Hitler gelesen hätte *Mein Kampf*, der müsse überzeugt sein von all dem Guten des Nationalsozialismus. Wenn heute die Nationalsozialisten die Hände zum Gruß ausstrecken, so sei dies gleich ein stilles Gebet."[437] Die Totengedenkfeier der NSDAP-Ortsgruppe organisierte Pfarrer Müller sogar selbst. Durch das musikalische Programm führte sein Lauensteiner Kollege, Pfarrer Koch.[438] Auch

---

[432] Sächsische Landes- und Universitätsbibliothek Dresden: Weißeritzzeitung, 1. Mifi. Z. 184: Film 79, 15.05.1931.
[433] Ebenda.
[434] Ebenda.
[435] Ebenda.
[436] Vgl.: Kreisarchiv Landratsamt Sächsische Schweiz – Osterzgebirge: Politische und wirtschaftliche Nachrichten, 3434-223, S. 126.
[437] Sächsische Landes- und Universitätsbibliothek Dresden: Weißeritzzeitung, 1. Mifi. Z. 184: Film 80, 28.10.1931.
[438] Vgl.: Ebenda, 19.11.1931.

Gauleiter Martin Mutschmann höchstpersönlich nahm an der von 450 Teilnehmern besuchten Zeremonie teil.

Die bürgerlichen Steigbügelhalter

Pfarrer Müller war ein erster wichtiger gesellschaftlicher Brückenkopf für die Nationalsozialisten. Mit dem Geistlichen kam die Partei ihrem Ziel, den Weg in die Mitte der Gesellschaft, ein großes Stück näher. Dabei blieb der Einbruch ins religiös-protestantische Milieu bei weitem nicht der einzige. Mit der am 20. Oktober 1931 erfolgten Gründung eines nationalsozialistischen Dippoldiswalder Studentenbundes in der *Reichskrone* und dem nationalsozialistischem Engagement des promovierten Juristen Krasting waren der Hitlerbewegung die Türen ins kleine akademische Milieu der Kleinstadt weit aufgestoßen worden. Mit 20 jungen Studenten war zum einen ein großes Stück Kampagnefähigkeit gegeben, zum anderen war der Partei mit dieser Anzahl von Studenten die studentische Meinungsführerschaft in der Kleinstadt sicher.[439] Bestärkt wurde dieser Anspruch noch von Dr. Krasting, dem einzigen promovierten Stadtverordnetenkandidaten zur Kommunalwahl im November 1932.[440] Als Rechtsanwalt und Notar wird er mit seinem gesellschaftlichen Stand besonders in bürgerlichen Kreisen dazu beigetragen haben, das Ansehen der NSDAP zu steigern. Immerhin saß der Jurist schon seit 1929 für die Liste der Beamten, Angestellten und Lehrer in der Stadtverordnetenversammlung. Damit war er neben Schwind und Heeger, eines von drei Stadtparlamentsmitgliedern, welches vor der Kommunalwahl 1932 zu den Nationalsozialisten wechselte. Weiter lassen die Quellen erkennen, dass der starke Vormarsch der Nationalsozialisten in der sächsischen Landwirtschaft spätestens 1932 auch in Dippoldiswalde angekommen war. Im Vorfeld der Reichspräsidentenwahl, veranstaltete die NSDAP-Ortsgruppe in der *Reichskrone* eine von 650 Teilnehmern besuchte Bauernkundgebung.[441] Wie dieser Mobilisierungserfolg in der lokalen Landwirtschaft zu bewerten war, verdeutlicht eine vom *Reichslandbund* selbst einberufene Bauernversammlung, bei der nur 30 Personen erschienen waren.[442] Über die unheimlich große Frequenz gibt ein Artikel der *Weißeritz-Zeitung* Auskunft, in dem es heißt: „Aus allen Teilen des Bezirks, mit Autos, Rädern, Wagen, zu Fuß und mit der Bahn waren die Bauern herbeigekommen und füllten den Saal, in dem auch die das Saalzimmer abtrennende Rollwand aufgezogen war und

---

[439] Vgl.: Ebenda, 21.10.1931.

[440] Vgl.: Sächsische Landes- und Universitätsbibliothek Dresden: Weißeritzzeitung, 1. Mifi. Z. 184: Film 82, 09.11.1932.

[441] Vgl.: Kreisarchiv Landratsamt Sächsische Schweiz – Osterzgebirge: Politische und wirtschaftliche Nachrichten, 3434-223, S. 148.

[442] Vgl.: Ebenda.

die Galerie bis aufs letzte Plätzchen. […] Eine große Zahl mußte noch stehen. [sic!]"[443] Als Redner für die NSDAP trat der Vizepräsident der Landwirtschaftskammer Körner auf. Er forderte dabei unter anderem eine autarke Landwirtschafts- und Ernährungspolitik sowie eine Ostbesiedlung der Ukraine durch eine konsequente Abkehr von der Urbanisierung. In einer späteren Versammlung wurde die landwirtschaftliche Agenda der Hitlerbewegung wesentlich entradikalisierter vorgetragen: „Meliorationsarbeiten, Ödland- und Kulturarbeiten sind sofort in Angriff zu nehmen."[444] Vor dem zweiten Wahlgang zum Reichspräsidenten schaltete die Dippser Ortsgruppe des *Landbundes* sogar eine Anzeige in der lokalen Zeitung, mit welcher sie offen zur Wahl Hitlers aufrief.[445] Mit dem Stadtgutsbesitzer Max Heeger, der als Vertrauensmann der Dippser *Landbund*-Ortsgruppe ein regional bekannter Landwirt und Landwirtschaftsfunktionär war, gewannen die Nationalsozialisten eine weitere Führungsfigur der Dippoldiswalder Gesellschaft. Heeger war wie Krasting schon vor der Kommunalwahl 1932 Mitglied des Stadtparlaments gewesen. Als erfahrener Stadtverordneter hatte er sich schon seit vielen Jahren für die Belange der bürgerlichen Kreise in der Stadt einsetzen können. Seine Kandidatur auf dem dritten Platz der Bürgerliste zur Kommunalwahl 1924 sowie seine Kandidatur auf dem zweiten Platz der Liste für das Handwerk und der Landwirtschaft zu den kommunalen Wahlen 1926 und 1929 unterstreicht sein Ansehen in bürgerlichen Kreisen.[446] Seine Stadtverordnetenkandidatur für die NSDAP und die von zwei anderen Landwirten, Albert Arnold und Arthur Wagner, deutet auf den immensen Einfluss hin, den die Nationalsozialisten auf das landwirtschaftlich geprägte Milieu in der Kleinstadt 1932 gewonnen hatten. Bestätigt wird diese Annahme weiter von der Tatsache, dass keine der drei anderen Listen zur Kommunalwahl einen Landwirt zur Kandidatur überreden konnten. Demnach kandidierten nur für die NSDAP Menschen aus diesem, in der Region sehr bedeutenden Wirtschaftszweig. Die lokalen NS-Aktivisten wussten diesen Umstand für ihre propagandistischen Zwecke auszunutzen. In einer von der NSDAP geschalteten Annonce zur Stadtverordnetenwahl hieß es etwa an die Landwirte gerichtet: „Allein die Nationalsozialisten führen Eueren Vertreter an aussichtsreicher Stelle."[447] Wie stark die nationalsozialistischen Strukturen mit dem landwirtschaftlichen Milieu in der Region um Dippoldiswalde verwoben

---

[443] Sächsische Landes- und Universitätsbibliothek Dresden: Weißeritzzeitung, 1. Mifi. Z. 184: Film 81, 06.03.1932.

[444] Sächsische Landes- und Universitätsbibliothek Dresden: Weißeritzzeitung, 1. Mifi. Z. 184: Film 82, 08.09.1932.

[445] Vgl.: Sächsische Landes- und Universitätsbibliothek Dresden: Weißeritzzeitung, 1. Mifi. Z. 184: Film 81, 09.04.1932.

[446] Vgl.: Sächsische Landes- und Universitätsbibliothek Dresden: Weißeritzzeitung, 1. Mifi. Z. 184: Film 64, 14.01.1924.

[447] Sächsische Landes- und Universitätsbibliothek Dresden: Weißeritzzeitung, 1. Mifi. Z. 184: Film 82, 12.11.1932.

waren, bestätigte auch die Gemeinderatswahl der Nachbarkommune Reichstädt. Dort waren nicht nur vier der acht nationalsozialistischen Kandidaten für den Gemeinderat von Beruf Landwirte, die Liste der NSDAP war zusätzlich mit der Liste der Landwirte verbunden.[448] Es gab folglich ein öffentliches politisches Bündnis zwischen der NS-Partei und dem agrarischen Berufsstand. Auch unter den Handwerkern und Unternehmern konnte die NSDAP regional bekannte Personen rekrutieren. Auf dem Wahlvorschlag zur Kommunalwahl kandidierten mit dem Hutmachermeister Gotthold Schwind, dem Friseurobermeister Johannes Hörl, dem Schlossermeister Alfred Gönner und dem Malermeister Paul Heinke mehrere Handwerksmeister für die Nationalsozialisten.[449] Schwind spielte für die NSDAP dabei die wichtigste Rolle. Neben Heeger war auch er schon seit vielen Jahren Mitglied in der Stadtverordnetenversammlung. Seit 1926 hatte er sogar die Liste von Handwerk und Landwirtschaft angeführt.[450] Seine besondere Stellung in der Stadt wird vor allem darin ersichtlich, dass er von der Verordnetenversammlung sogar zum Stadtrat und stellvertretenden Bürgermeister gewählt wurde.[451] Mit dieser neutral gehaltenen Funktion ging überparteiische Anerkennung und Sympathie einher. Seine Motive für den Parteieintritt schilderte er auf einer Einwohnerversammlung im Vorfeld der Kommunalwahl:

> „Warum sind so viele Mittelständler und Arbeiter Mitglieder der NSDAP geworden? Durch Not, Sorge und Enttäuschung. […] Den Vorwurf, sich als Bürger einer Partei zugesellt zu haben, die keine Bürger kenne, entkräftete er damit, daß man solchen Standpunkt falsch beurteile. Er sei genau der gleiche gute Staatsbürger wie bisher. In kurzen Strichen zeichnete er ein Bild von der Heimkehr aus dem Kriege, wo man eine zerrüttelte Existenz vorfand, vom geschäftlichen Aufbau, den die Inflation zerstörte, führte aus, wie arm wir dann dastanden, Betriebskapital vernichtet, Kredite zu teuer zu haben, auch Grundbesitz entwertet. [sic!]“[452]

Diese Erklärung unterstreicht abermals die Bedeutung der ökonomischen Krise für die Nationalsozialisten und deren Rekrutierungsbedingungen. Insbesondere durch Schwind erschlossen sich der Hitlerbewegung zusätzliche Einflussräume in der Stadt. Eine weitere Schlüsselfigur bei der Nazifizierung bürgerlicher Kreise spielte der Friseurobermeister Johannes Hörl. Zu seiner gesellschaftlichen Stellung als Feuerwehrmann und Lokalhistoriker

---

[448] Vgl.: Ebenda.
[449] Vgl.: Ebenda, 09.11.1932.
[450] Vgl.: Sächsische Landes- und Universitätsbibliothek Dresden: Weißeritzzeitung, 1. Mifi. Z. 184: Film 69, 06.11.1926.
[451] Vgl.: Sächsische Landes- und Universitätsbibliothek Dresden: Weißeritzzeitung, 1. Mifi. Z. 184: Film 75, 18.11.1929.
[452] Sächsische Landes- und Universitätsbibliothek Dresden: Weißeritzzeitung, 1. Mifi Z. 184: Film 82, 12.11.1932.

gibt die Stadtchronik mit Verweis auf die *Weißeritz-Zeitung* Auskunft: „Besonders aktiv war er in der Freiwilligen Feuerwehr Dippoldiswalde tätig. Als Historiker und Sammler hatte er großen Anteil beim Zusammentragen von ortsgeschichtlich wertvollen Feuerlöschgegenständen."[453] Ähnlich dem reichsweiten Trend konnten die Nationalsozialisten auch in Dippoldiswalde nicht in großen Umfang von den Erwerbslosen direkt profitieren. Wie die politischen Nachrichten des Stadtrates belegen, blieben auch im Jahr 1932 die sich häufenden Erwerbslosenversammlungen von den Linksparteien, insbesondere von der KPD, dominiert.[454] Auf einer der größten Erwerbslosendemonstrationen überhaupt wurde im Juni 1932 sogar öffentlich Stellung gegen die Hitlerbewegung bezogen.[455] Nichtsdestotrotz hatten die Nationalsozialisten auch aus diesem Milieu Zulauf. Von den zwanzig Stadtverordnetenkandidaten der NSDAP, waren immerhin zwei erwerbslos.[456] Bei einer Arbeitslosigkeit von knapp einem Drittel blieb die Schicht der Arbeitslosen damit allerdings deutlich unterrepräsentiert. Die Rolle des auflagenstärksten lokalen Mediums, der *Weißeritz-Zeitung*, bleibt ebenfalls zu hinterfragen. Zwar agierte der Chefredakteur Felix Jehne bis zuletzt auf der bürgerlichen Seite, noch am 30. Januar 1933 ließ er sich von der Stadtverordnetenversammlung zu einem von zwei bürgerlichen Stadträten wählen.[457] Dennoch trägt auch sein Lokalmedium zur Nazifizierung der Leserschaft bei. Auch wenn sich das Blatt vor 1933 weder dezidiert für die nationalsozialistische Bewegung aussprach noch etwaige Parteinahme zu erkennen war, lässt sich trotzdem nachweisen, dass das Autorenkollektiv mitunter dem gesellschaftlichen Klima und dem Bann der Massen verfallen war. Ein solcher Nachweis lässt sich an mehreren Berichten über die NS-Bewegung erbringen, etwa wenn eine Großveranstaltung mit Gregor Strasser als eine „imponierende Versammlung"[458] dargestellt wurde. Bei der Analyse der kognitiven Basis der Zeitung, lässt sich leicht nachvollziehen, mit welcher Rhetorik die NSDAP die Regionaljournalisten verführen konnte. Der tief sitzende Antisemitismus in den gesellschaftlichen Kreisen von Dippoldiswalde wurde schon an anderer Stelle erörtert. Als aber 1932 eine nationalsozialistische Theatergruppe in Dippoldiswalde auftrat, wird die wirkliche Tragweite

---

[453] Groß, Günter; Eichentopf, Marion; Schulze Dietmar, 2005: Stadtchronik Dippoldiswalde, Dippoldiswalde, S. 170.

[454] Vgl.: Kreisarchiv Landratsamt Sächsische Schweiz – Osterzgebirge: Politische und wirtschaftliche Nachrichten, 3434-223, S. 148.

[455] Vgl.: Sächsische Landes- und Universitätsbibliothek Dresden: Weißeritzzeitung, 1. Mifi. Z. 184: Film 81, 23.06.1932.

[456] Sächsische Landes- und Universitätsbibliothek Dresden: Weißeritzzeitung, 1. Mifi. Z. 184: Film 82, 09.11.1932.

[457] Sächsische Landes- und Universitätsbibliothek Dresden: Weißeritzzeitung, 1. Mifi. Z. 184: Film 84, 01.02.1933.

[458] Vgl.: Sächsische Landes- und Universitätsbibliothek Dresden: Weißeritzzeitung, 1. Mifi. Z. 184: Film 82, 23.07.1932.

dieser Kontinuität sichtbar. Tatsächlich musste die NSDAP den Antisemitismus nicht konstituieren, er war längst gesellschaftsimmanent. Die mediale Kritik zum antisemitischen Schauspiel sah demnach wie folgt aus: „Die nationalsozialistischen Berufsschauspieler spielten mit voller, ehrlicher Hingabe und ernteten für ihr vorzügliches Spiel größten Beifall."[459] Diese Kritik bezog sich dabei auf das nationalsozialistische *Kampfspiel Sturm!*, dessen Inhalt die Zeitung als „Gegenwartsbild"[460] bezeichnete:

> „Ein von polnischen Juden gepeinigter deutscher Grenzbewohner soll gezwungen werden, sein Mädchen einem Juden zur Frau zu geben, weil der der jüdischen Hochfinanz in die Hände gefallen ist. In seiner großen Not, vor allen Dingen aber, um sein Kind nicht an den Bettelstab zu bringen, will der deutsche Grenzgastwirt, trotzdem sich sein Herz dagegen sträubt, doch dagegen nicht Front nehmen. Er überlässt die Entscheidung seiner Tochter, die als echtes deutsches Mädel dem brutalen Juden die richtige Antwort gibt. Rache ist natürlich die Gegenantwort des polnischen Rittergutsbesitzers, der, nachdem er es erfahren hat, den Geliebten der begehrten Gastwirtschaftstochter, einen nationalsozialistischen SA-Führer, vor den Richtertisch schleppen lässt, wo er des Hochverrats angeklagt wird."[461]

Mit dieser Interpretation stellte sich die Zeitung in die geistigen Spuren des erstarkenden Nationalsozialismus und trägt somit auch einen gehörigen Anteil an der Nazifizierung der Dippoldiswalder Gesellschaft mit.

Dippoldiswalde im Wahljahr 1932

Personell in qualitativer wie quantitativer Hinsicht verstärkt, in der Mitte der Gesellschaft angekommen und die weiter galoppierende Wirtschaftskrise als Rückenwind nutzend, starteten die Nationalsozialisten hoch motiviert ins Wahljahr 1932. Dippoldiswalde erlebte eine „ununterbrochene Versammlungswelle"[462], allein in den sechs Wochen vor der Reichspräsidentenwahl kam es in der Kleinstadt zu 13 Veranstaltungen der Hitlerbewegung, darunter sechs mit mehr als 250 Teilnehmern. Auch die Linksparteien konzentrierten sich in ihrem Wahlkampf wieder verstärkt auf große Versammlungen. Mit neun Versammlungen im gleichen Zeitraum und teilweise bis zu 700 Teilnehmenden, erreichten sie jetzt in etwa die Mobilisierungsfähigkeit der NSDAP. Weit abgeschlagen von diesen Maßstäben lagen nur die bürgerlichen Parteien. So etwa die DNVP, welche im angegebenen Zeitraum nur zwei

---

459 Sächsische Landes- und Universitätsbibliothek Dresden: Weißeritzzeitung, 1. Mifi. Z. 184: Film 81, 22.06.1932.

460 Ebenda.

461 Ebenda.

462 Sächsische Landes- und Universitätsbibliothek Dresden: Weißeritzzeitung, 1. Mifi. Z. 184: Film 81, 08.03.1932.

Veranstaltungen mit 70 bzw. 180 Teilnehmern abhielt.[463] Von den liberalen Parteien gingen keine Aktivitäten mehr aus. Trotz der starken Politisierung und der damit einhergehenden Polarisierung, traten im Wahljahr 1932 in Dippoldiswalde anders als etwa im Vogtland keine größeren handgreiflichen Konfrontationen oder Übergriffe auf. Wie die politischen Nachrichten des Stadtrates und die Berichte der lokalen Medien belegen, blieb die Lage in der Kreisstadt trotz der angespannten Atmosphäre verhältnismäßig ruhig. Zu einem größeren Polizeieinsatz kam es lediglich während einer Erwerbslosenversammlung im März, bei der Tätlichkeiten zwischen Sozialdemokraten und Kommunisten verhindert werden mussten.[464] Bei beiden Wahlgängen zur Wahl des Reichspräsidenten bekam Adolf Hitler in Dippoldiswalde schließlich die meisten Stimmen, im zweiten Wahlgang sogar mit einer absoluten Mehrheit von knapp 51 Prozent. Damit konnten die Nationalsozialisten ihr Wählerpotential von 1930 abermals verdoppeln. Auch in der Amtshauptmannschaft insgesamt holte Hitler mit 47,3 Prozent die meisten Stimmen. In 56 von 88 Ortschaften der Amtshauptmannschaft wurde die NSDAP mit ihrem Führer stärkste Partei. In 48 Kommunen holte sie sogar die absolute Mehrheit. Auffallend bleibt, dass die NSDAP in den größeren Kommunen des Kreises verhältnismäßig schlecht abschnitt. Weder in Altenberg, Glashütte, Kreischa, Oelsa oder Schmiedeberg erreichten die Nationalsozialisten Mehrheiten. Dippoldiswalde war demnach die einzige größere Gemeinde in der Amtshauptmannschaft, in welcher die Nationalsozialisten überdurchschnittlich stark abschnitten. Während das Altenberger Ergebnis in etwa dem Reichstrend entsprach, lagen die Ergebnisse in Glashütte, Kreischa und Oelsa leicht unter dem reichsweiten Ergebnis. In Schmiedeberg erreichte die Hitlerpartei sogar nur 23 Prozent. Entgegen des regionalen Trends zeigte Dippoldiswalde demnach eher ein Wahlverhalten welches den umliegenden Dörfern entsprach. Dort lagen die Hochburgen der NSDAP, so etwa mit 85 Prozent in Niederfrauendorf.[465] Nach den Wahlen beruhigte sich die politische Situation nur kurz. Mit der Auflösung des Reichtages setzte sich der Dauerwahlkampf fort. Nicht nur in Dippoldiswalde selbst, sondern auch in den umliegenden Dörfern intensivierte sich die Politisierung. Selbstständige NSDAP-Ortsgruppen in Reinholdshain, Niederfrauendorf und Seifersdorf bildeten neue Strukturen, um den Massenzulauf gerecht zu werden.[466] Damit vernetzte sich die NS-Bewegung auch außerhalb der Städte und hatte dadurch einen weiteren Mobilisierungsvorteil gegenüber den anderen

---

[463] Vgl.: Kreisarchiv Landratsamt Sächsische Schweiz – Osterzgebirge: Politische und wirtschaftliche Nachrichten, 3434-223, S. 146 ff.
[464] Vgl.: Ebenda, S. 148.
[465] Vgl.: Sächsische Landes- und Universitätsbibliothek Dresden: Weißeritzzeitung, 1. Mifi. Z. 184: Film 81, 11.04.1932.
[466] Vgl.: Ebenda, 23.06.1932.

Parteien. In Dippoldiswalde selbst standen vor allem die Sonnenwendfeier und der Besuch von Gregor Strasser im Mittelpunkt des Wahlkampfes. Auf der von 600 Personen besuchten Sonnenwendfeier war es abermals Pfarrer Müller, welcher Hitler sowie dessen Bewegung pries und ihn in den Götterstand erhob: „In dem Führer Adolf Hitler sähen die Nationalsozialisten einen Mann, der von Gott gegeben worden ist."[467] Welchen Volksfestcharakter die Wahlkampfveranstaltungen der Nationalsozialisten mittlerweile angenommen hatten, verdeutlicht der Bericht der *Weißeritz-Zeitung* anlässlich des von 1500 Teilnehmern besuchten Auftritts von Gregor Strasser in der Kleinstadt:

> „Aus allen Teilen des Bezirks waren die Hörer herbeigekommen. Eine Übertragungsanlage, vermittelt von Elektromeister Alfred Weber, hier, ausgeführt von Kubitz, Dresden, sorgte dafür, daß auch außerhalb und noch weithin die Redner gut verstanden wurden. Die Standartenkapelle Pirna unter Leitung von Musikmeister Heine kürzte durch Vorträge von Märschen und anderen Musikstücken die Zeit. [sic!]"[468]

Mit solchen modernen Wahlkampfformen konnte keine andere Partei in der Region mithalten. Die Masseninszenierungen hatten damit allerdings ihren Zenit erreicht. Zwar konnte die NSDAP ihr Ergebnis noch einmal steigern, der Zuwachs an Wählerstimmen hielt sich aber in Grenzen und flachte deutlich ab. Das konkave Wachstum der Stimmen wurde genau wie in Sachsen und im Reich insgesamt von einem konvexen abgelöst. In der Stadt Dippoldiswalde etwa konnten gegenüber der Reichspräsidentenwahl nur noch 130 Wähler mehr gewonnen werden. Trotz modernster Wahlkampfmethoden und größter Masseninszenierungen schienen die Nationalsozialisten auch in der zu untersuchenden Stadt an unüberwindbare Grenzen gestoßen zu sein. Nichtsdestotrotz erreichte die Partei in der Kleinstadt mit knapp 54 Prozent deutlich die absolute Mehrheit und lag mit fast 20 Prozent über dem Reichsdurchschnitt. Auch in der Amtshauptmannschaft insgesamt war sie niemals so stark geworden wie nach der Juliwahl. In 80 von 88 Gemeinden des Kreises war sie nun stärkste Partei geworden, in 49 davon mit absoluter Mehrheit.[469] Aus welchen Milieus in Dippoldiswalde konnte die NSDAP nach 1930 weitere Wähler rekrutieren? Hatten zur Reichtagswahl 1930 noch 640 Dippoldiswalder ihr Kreuz bei der NSDAP gemacht, waren es zwei Jahre später schon 1563. Wie lässt sich die Wählerwanderung von 900 Einwohnern der Stadt erklären? Zunächst einmal aus der weiteren Zertrümmerung des bürgerlichen Wählerlagers. Allein die

---

[467] Ebenda, 28.06.1932.

[468] Sächsische Landes- und Universitätsbibliothek Dresden: Weißeritzzeitung, 1. Mifi. Z. 184: Film 82, 23.07.1932.

[469] Vgl.: Ebenda, 01.08.1932.

nationalliberale DVP verlor in ihrer einstmaligen Hochburg in diesem Zeitraum knapp 150 Wähler und stürzte auf 3,4 Prozent ab. Einen ähnlichen Schiffsbruch erlitt die liberale *Deutsche Staatspartei*. Sie verlor von 1930 bis 1932 fast 170 Wähler und fristete mit 1,2 Prozent ein Splitterparteiendasein. Das gleiche Schicksal ereilte die ebenfalls liberale *Wirtschaftspartei*, die allein im betreffenden Zeitraum knapp 170 Wähler verloren hatte. Von den einst 64 Wählern des deutschnationalen *sächsischen Landvolkes* blieb 1932 gleich gar keiner mehr übrig. Auch die üblichen Splitterparteien, so etwa der *Christlich-Soziale Volksdienst* oder die *Deutsche Zentrumspartei*[470], verloren Stimmen. Daneben gelang es der Hitlerbewegung, wenn auch nur in begrenzten Maße, Stimmen der Linksparteien zu mobilisieren. Zwischen den Reichtagswahlen 1930 und 1932 hatten diese in der Stadt rund 100 Wähler eingebüßt. Viel bedeutender war allerdings die Mobilisierung der Nichtwähler, knapp 300 Dippoldiswalder mehr als 1930 machten 1932 von ihrem Wahlrecht Gebrauch. Nachdem die NSDAP das deutschnationale Potential der DNVP schon vor 1930 aufgesaugt hatte, besaß sie nun auch in Dippoldiswalde die heterogenste Anhänger- und Wählerschaft überhaupt. In alle politischen Lager und Parteien hatten die Nationalsozialisten Einbrüche erzielt, das Lager der Bürgerlichen war dabei völlig zertrümmert worden.

Die späte Ernüchterung

Mit dem Wahljahr 1932 hatte die NSDAP auch in Dippoldiswalde ihren Zenit überschritten. Der vom Reichspräsidenten verordnete Burgfrieden hegte die gesellschaftliche Politisierung zusehends ein und dämpfte die Mobilisierung der Hitlerbewegung. Erst im September 1932 setzte die NSDAP wieder ihre Versammlungstätigkeit fort. Die zuletzt üblichen Mobilisierungserfolge, mit welchen die NS-Funktionäre noch im Sommer verwöhnt worden waren, blieben zunächst aus. Nach Aussage der politischen Nachrichten blieben die Veranstaltungen nur „schwach besucht“[471]. Auch die Wirtschaftskrise, die der Antikapitalismusrhetorik der Nationalsozialisten in den letzten Jahren den ökonomischen Rückenwind gegeben hatte, schwächte sich ab. Es gab zwar noch keine wirklich spürbare Entspannung, erste Anzeichen deuteten jedoch daraufhin hin, das die Rezession zumindest den Zenit überschritten hatte: „Durch das Kabellegen von hier nach Kipsdorf fanden einige Arbeitslose für kurze Zeit Arbeit.“[472] Nichtsdestotrotz blieb die wirtschaftliche Situation akut angespannt. Der Bewegungscharakter der Nationalsozialisten verblasste. Zwar hatte man das

---

[470] Die katholische Zentrumspartei war nur regional bedingt eine Splitterpartei. Reichsweit gesehen blieb sie bis zuletzt eine konservative Volkspartei.

[471] Kreisarchiv Landratsamt Sächsische Schweiz – Osterzgebirge: Politische und wirtschaftliche Nachrichten, 3434-223, S. 158.

[472] Ebenda.

bürgerliche Wählerpotential vollends auf Linie gebracht, das Wählerheer der sozialistischen Arbeiterbewegung schien allerdings eine unüberwindbare Barriere darzustellen. Nur partielle Einbrüche hatten die SPD geschwächt, die KPD hatte hingegen sogar leicht zugelegt. Die NSDAP hatte ihre Grenzen erreicht und das gesamtmögliche Potential im Wählerverhalten der Deutschen ausgeschöpft. Mit dieser Erkenntnis tat sich die Hitlerbewegung schwer. Dies wird auch auf einer Veranstaltung in Dippoldiswalde deutlich, als Pfarrer Müller den Eintritt in die nationalsozialistische Partei mit einer moralischen Pflicht verband: „Pfarrer Müller erwiderte, daß in der Hitlerbewegung soviel herzhaft Gutes stecke, daß er sich zur Mitarbeit gezwungen fühlt. [sic!]“[473] Dieses Bekenntnis zeugt von einer neuen Qualität und ist als Zeichen von Unsicherheit, Verzweiflung und Resignation zu interpretieren. Der Geistliche hatte sich bis dato bereits zu tief verstrickt. Deshalb der Appell an die Moral, die letzte und totale Option eines Religiösen. Diese Durchhaltementalität endete im *Dritten Reich* in dem bekannten Endsiegglauben. Der politische Wille allein sollte die Funktionalität garantieren bzw. erzwingen. 1932 hatte dieses letzte Aufbäumen noch einmal Erfolg. Anfang November stellte sich wieder ein Mobilisierungserfolg ein, mit 350 Teilnehmern blieb die Wahlkampfveranstaltung aber deutlich unter dem Schnitt der vergangenen Wahlkämpfe. Versammlungen anderer Parteien fanden gar nicht statt. Lediglich eine Versammlung der Kommunisten erreichte noch einmal 150 Besucher.[474] Die zunehmende Verdrossenheit manifestierte sich letztendlich in der Reichtagswahl am 6. November 1932. Wie im Reich flüchteten auch in der zu untersuchenden sächsischen Kleinstadt viele Wähler in die wahlpolitische Enthaltsamkeit. Besonders die NSDAP war von dieser Entwicklung betroffen, rund 200 Wähler der Partei zogen sich wieder ins Lager der Nichtwähler zurück. Die bürgerlichen Parteien erholten sich mäßig und gewannen an Stimmen, erste Anzeichen einer Regenerierung der bürgerlichen Wählerklientel stellten sich ein. Die Amtshauptmannschaft verzeichnete einen ähnlichen Trend. Obgleich die Dominanz der Hitlerpartei unangetastet bestehen blieb, musste sie Verluste hinnehmen. 5000 Wähler verlor die NSDAP im Wahlkreis, ein Viertel ihrer Stimmen. Mit 45 Prozent verlor die Partei nicht nur die absolute Mehrheit in der Amtshauptmannschaft, auch in fünf Gemeinden, darunter Dippoldiswalde, büßte sie die absolute Stimmenmehrheit ein. Damit war der Hitlerbewegung auch im Osterzgebirge der Nimbus der Unbesiegbarkeit genommen. Infolge dessen befand sich die lokale NSDAP in einer Defensivposition. Besonders deutlich wurde dies auf einer von der

---

473 Sächsische Landes- und Universitätsbibliothek Dresden: Weißeritzzeitung, 1. Mifi. Z. 184: Film 82, 08.09.1932.

474 Vgl.: Kreisarchiv Landratsamt Sächsische Schweiz – Osterzgebirge: Politische und wirtschaftliche Nachrichten, 3434-223, S. 163.

nationalsozialistischen Partei einberufenen Einwohnerversammlung im Vorfeld der Stadtverordnetenwahl. Schon zu Beginn dieser Veranstaltung kam es zu einem Eklat, der deutlich macht, dass sich allmählich gesamtgesellschaftlicher Widerstand formierte. Als der Versammlungsleiter, der NSDAP-Ortsgruppenführer Hans Schubert, weder den sozialdemokratischen Stadtverordnetenkandidaten Ernst Fiedler noch den Stadtverordnetenvorsteher und Spitzenkandidaten der bürgerlichen Liste, Verwaltungsinspektor Max Schuhmann, ordentlich zu Wort kommen lies, verließen anwesende Mitglieder von SPD, KPD und den bürgerlichen Parteien die Versammlung. Zunächst schien es, als würde die Einwohnerversammlung zu einer NSDAP-Veranstaltung mutieren. Dabei übten sich die Debattenredner vor allem im Wunden lecken: „Die Mitläufer seien abgefallen, die jetzigen 12 Millionen würden immer zu Partei stehen."[475] Nach den Referaten der NS-Aktivisten setzten sich die Auseinandersetzungen jedoch fort. Mit dem bürgerlichen Stadtverordnetenkandidaten und Volksschullehrer Walter Heilmann bezog eine weitere anerkannte Person des Dippoldiswalder Bürgertums Stellung gegen die Hitlerbewegung:

> „Lehrer Heilmann führte aus, er sei gekommen, um zu hören, was besser zu machen sei. Das sei nicht der Fall gewesen. Von drei Rednern sei zur Bewegung Stellung genommen worden. Wenn die NSDAP behaupte gegen Links zu kämpfen, habe die Reichtagswahl anderes bewiesen. Links sei gleich stark geblieben, die bürgerliche Seite sei zerschlagen worden. Nun solle es auch im Gemeindeparlament geschehen."[476]

Zur Kommunalwahl am 13. November 1932 wurde die Liste der NSDAP zwar mit Abstand stärkste Kraft, mit 37 Prozent bezog sie allerdings ihr schlechtestes Ergebnis im gesamten Wahljahr. Die Stimmenanzahl hatte sich im Verhältnis zur Juliwahl beinahe halbiert, gerade mal 977 von einst 1563 Dippsern schenkten der NS-Partei noch ihre Stimme. Demgegenüber stand das Erstarken des bürgerlichen Flügels, welcher trotz des Engagements gegen die NSDAP mit 763 Stimmen und 29 Prozent auf die politische Bühne der Kleinstadt zurückkehrte. Einen weiteren schweren Nackenschlag erhielt die örtliche Hitlerpartei sicherlich mit dem Fall Hentsch: „Am 26. Dezember 1932 wurde hier in der Talsperre Malter die Leiche des vermissten SA-Mannes Hentsch aus Dresden gefunden. Dem Befunde nach

[475] Sächsische Landes- und Universitätsbibliothek Dresden: Weißeritzzeitung, 1. Mifi. Z. 184: Film 82, 12.11.1932.
[476] Ebenda.

liegt Mord vor."[477] Wie die polizeilichen Ermittlungen ergeben sollten, fiel der Dresdner einem nationalsozialistischen Fememord zum Opfer. Die brutale Tat muss die Stadt tief erschüttert haben, auf einer eigens dazu von der SPD einberufenen Versammlung erschienen 1100 Personen. Den Nationalsozialisten fiel es fortan noch schwerer zu mobilisieren. An einem SA-Marsch am 3. Januar beteiligten sich 140 Personen, an einer Rednerveranstaltung eine Woche später nur noch 100.[478] Wie die Zahlen beweisen, trat im Zusammenhang mit der NSDAP eine gesellschaftliche Ernüchterung ein. Der Rausch, den die Bewegung einst in Dippoldiswalde versprühte, war verzogen. Das neue Selbstbewusstsein der bürgerlichen Mitte äußerte sich auch in der kommunalen Zusammenarbeit mit den Sozialdemokraten. War es im Stadtverordnetenkollegium bisher übliche politische Praxis, dass bei der Wahl des Direktoriums die Fraktionsstärke berücksichtigt wurde, änderte sich dies nun durch das sozialdemokratisch-bürgerliche Zusammenspiel. Diesem Bündnis aus sieben Stimmen standen auf der einen Seite nun die sechs Stimmen der Nationalsozialisten gegenüber, auf der anderen Seite die zwei Stimmen der Kommunisten.

Tab.8: Kommunalmandate Stadtverordnetenkollegium Dippoldiswalde 1919 bis 1932.

	1919	1920	1924	1926	1929	1932
Sozialistische Parteien[479]	5	4	7	5	5	5
Bürgerliche Parteien[480]	9	10	8	10	10	4
NSDAP	-	-	-	-	-	6

Auf diese Weise setzten die bürgerlichen Stadtverordneten die Wahl Max Schuhmanns zum ersten und die Wahl Rudolf Hinkelmanns zum stellvertretenden Stadtverordnetenvorsteher durch. Obwohl die NSDAP aus dem Stand heraus stärkste Kraft im Stadtparlament geworden war, konnte sie an diesen Mehrheitsverhältnissen nichts ändern. Durch die politische Isolation von der Macht ausgeschlossen, stellte Krasting vorwurfsvoll fest, „daß der Pakt zwischen

[477] Kreisarchiv Landratsamt Sächsische Schweiz – Osterzgebirge: Politische und wirtschaftliche Nachrichten, 3434-223, S. 164.
[478] Vgl.: Ebenda, S. 165.
[479] Anm. des Autors: Sozialdemokratische und kommunistische Listen sind in dieser Aufstellung zusammengefasst. Nach den Kommunalwahlen 1932 besetzte die sozialdemokratische Liste drei, die kommunistische zwei Sitze in der Stadtverordnetenversammlung. Dieses Kräfteverhältnis entsprach auch den beiden vorangegangenen Legislaturperioden.
[480] Anm. des Autors: 1932 traten die Bürgerlichen unter einer gemeinsamen Liste an. Zuvor firmierten sowohl Handwerker als auch Beamte unter einer eigenen Liste. Das Kräfteverhältnis war in etwa paritätisch. 1926 und 1929 stellten z.B. beide Listen jeweils fünf Mandatare im Stadtverordnetenkollegium.

Bürgerlicher Arbeitsgemeinschaft und SPD jetzt offenbar geworden sei [sic!]“[481]. Auch bei der Wahl zum stellvertretenden Bürgermeister während der zweiten Sitzung der Stadtverordneten zu Dippoldiswalde am 30. Januar 1933 verhinderte die Zusammenarbeit der demokratischen Fraktionen einen Nationalsozialisten in diesem hohen Amt.[482] Doch die Ernüchterung von Kommunalpolitikern und Wählern kam zu spät. Am selben Tag wurde Adolf Hitler von Reichspräsident Hindenburg zum Reichskanzler ernannt.

3.3. Der Zugriff auf die Macht

Mit der Ernennung Adolf Hitlers zum Reichkanzler erhielt die NS-Bewegung ihre Dynamik zurück. Im Februar 1933 fanden die Versammlungen der Nationalsozialisten neuen Zulauf. Ein Armeemarschabend der SA wurde von 400 Teilnehmern besucht, einer NSDAP-Kundgebung auf dem Marktplatz der Stadt wohnten über 1100 Zuhörer bei.[483] Schon bei der Stadtverordnetensitzung am 30. Januar hatten die Nationalsozialisten die Wahl von Schwind, Hörl und Krasting in den Stadtrat durchgebracht.[484] Damit blieben sie zwar mit drei zu vier Stimmen im Direktorium in der Minderheit, angesichts der unklaren Rolle von Bürgermeister Höhmann und des sich immer stärker abzeichnenden politischen Drucks der örtlichen Nationalsozialisten, hatten sie sich damit aber eine ungemein wichtige Ausgangsbasis für die Machtentfaltung in der Stadt geschaffen. Auch in der unmittelbaren Umgebung von Dippoldiswalde gab es zahlreiche Gemeindeparlamente, in denen die Nationalsozialisten nach der letzten Kommunalwahl die absolute Mehrheit besaßen, so etwa in Hirschbach, Reinholdshain, Niederfrauendorf, Elend, Paulshain und Malter. Aufgrund der gewonnenen kommunalen Mandate besaßen die Nationalsozialisten die meisten Stimmen im Bezirkstag. Angesichts der neuen Dynamik der Hitlerbewegung, der starken Machtposition im Bezirkstag sowie des politischen Druckes, welcher seit dem 30. Januar auf die unterschiedlichsten Behörden und Parlamente im Deutschen Reich wirkte, konnte der Nationalsozialist Freiherr Leo von Miltitz im März 1933 neuer Landrat werden.[485] Bereits am 2. März wurden aufgrund

---

[481] Sächsische Landes- und Universitätsbibliothek Dresden: Weißeritzzeitung, 1. Mifi. Z. 184: Film 84, 14.01.1933.
[482] Vgl.: Ebenda, 01.02.1933.
[483] Kreisarchiv Landratsamt Sächsische Schweiz – Osterzgebirge: Politische und wirtschaftliche Nachrichten, 3434-223, S. 166.
[484] Sächsische Landes- und Universitätsbibliothek Dresden: Weißeritzzeitung, 1. Mifi. Z. 184: Film 84, 01.02.1933.
[485] Groß, Günter; Eichentopf, Marion; Schulze Dietmar, 2005: Stadtchronik Dippoldiswalde, Dippoldiswalde, S. 143.

der *Verordnung des Reichspräsidenten zum Schutz von Volk und Staat* in Dippoldiswalde 21 Akteure der sozialistischen Arbeiterbewegung verhaftet. Zehn Verhaftete wurden noch im gleichen Monat wieder entlassen. Der kommunistische Funktionär Clemens Holzschuh verstarb aus bis heute nicht völlig geklärten Umständen. Obgleich die DDR-Propaganda eine Mordthese konstruierte, kann ein natürlicher Tod als wahrscheinlicher gelten.[486] Trotz der massiven Behinderung des sozialistischen Wahlkampfes und der Renaissance der NS-Dynamik konnten die Nationalsozialisten das verlorene Vertrauen vieler Dippoldiswalder nicht zurückgewinnen. Dies lässt sich am Wählervotum zu den letzten, von dem Historiker Klaus Hildebrand als „halbfrei"[487] bezeichneten Wahlen im März 1933 erkennen. Entgegen des reichsweiten, sächsischen und auch amtshauptmannschaftlichen Trends blieb die NSDAP in Dippoldiswalde noch unter dem Ergebnis vom Juli 1932. Dass sich besonders der Fall Hentsch auf die ansässige Bevölkerung ernüchternd ausgewirkt hatte, lässt sich am Wahlverhalten in den Orten Paulsdorf und Malter, in deren unmittelbarer Umgebung die Leiche des SA-Mannes aus der Talsperre gezogen wurde, nachweisen. In beiden Gemeinden verlor die Hitlerbewegung die Hälfte ihrer Wähler. Mit 53,1 Prozent hatte die Dippser NSDAP zwar nur marginal gegenüber den Juliwahlen eingebüßt und auch die absolute Mehrheit war wieder erreicht, damit lag sie nun aber mit 10 Prozent wesentlich moderater über dem Reichsdurchschnitt als noch im Juli 1932 mit 17 Prozent.[488] Dippoldiswalde blieb demnach bis zuletzt eine nationalsozialistische Hochburg, 1933 aber nicht mehr in dem überproportionalen Maße wie 1932. Nach den Märzwahlen passten sich die Dippoldiswalder Kommunalpolitiker relativ schnell den neuen Machthabern an. Noch im gleichen Monat wurden auf Antrag des Bürgermeisters Höhmann Adolf Hitler und Paul von Hindenburg vom Stadtrat einstimmig zu Ehrenbürgern der Stadt Dippoldiswalde erklärt. Einen Monat später wurden der *Stadtpark* in *Hindenburgpark* und die *Gartenstraße* in *Adolf-Hitler-Straße* umbenannt.[489] Die institutionelle Dimension der *Machtergreifung* endete in Dippoldiswalde spätestens im Dezember 1936 mit der Berufung Karl Rudolf Hummels zum neuen Bürgermeister. Der 1894 geborene Hummel war seit 1925 Parteimitglied und ein überzeugter Nationalsozialist. Anlässlich seiner Antrittsrede artikulierte er sein Politikverständnis für die neue Funktion:

---

486 Vgl.: Kreisarchiv Landratsamt Sächsische Schweiz – Osterzgebirge: Politische und wirtschaftliche Nachrichten, 3434-223, S. 167.
487 Hildebrand, Klaus, 2003: Das Dritte Reich, München: Oldenbourg Verlag, S. 4.
488 Vgl.: Sächsische Landes- und Universitätsbibliothek Dresden: Weißeritzzeitung, 1. Mifi. Z. 184: Film 84, 06.03.1933.
489 Vgl.: Ebenda, 08.04.1933.

„Für mich ist das Amt des Bürgermeisters kein Ruhepolster, sondern weiter nichts, als eine vorgeschobene Stellung, von der aus der Kampf der nationalsozialistischen Idee um das Herz eines edlen Volksgenossen noch weiter nach vorn zu tragen ist. Daraus geht hervor, dass ich mit meiner ganzen Kraft dem Amte und der Bewegung diene, der auch mein ganzes Herz gehört.“[490]

Der kommunistische *Märtyrer* Clemens Holzschuh

Wie in der gesamten sowjetischen Besatzungszone und späteren *Deutschen Demokratischen Republik* wurde das unendliche Leid, welches das *Dritte Reich* und der Zweite Weltkrieg über das Land gebracht hatten, auch in der untersuchten Kleinstadt zur Herrschaftsgrundlage des neuen totalitären Regimes missbraucht. In Dippoldiswalde war es der Gefängnistod des lokalen KPD-Funktionärs Clemens Holzschuh, welcher nach dem Zweiten Weltkrieg für die Stilisierung einer anderen Diktatur instrumentalisiert wurde. In der DDR wurde der wegen verschiedener Gewalt- und Sprengstoffdelikte vorbestrafte Antidemokrat Holschuh zum antifaschistischen Märtyrer deklariert. Dazu wurde nach 1945 eine Mordthese konstruiert, die den neuen politischen Führern als antifaschistische bzw. moralische Legitimationsgrundlage dienen sollte. Diese These hatte noch weit bis in die Wendejahre Bestand. Noch die Stadtchronik übernahm 2005 Quellen, welche im Stadtmuseum nicht existieren und schrieb im SED-Tenor über den tragischen Tod: „Ermordung des Genossen Holzschuh im Gefängnis Dippoldiswalde durch die Nazi-Schergen.“[491] Tatsächlich lassen sich keine Hinweise für einen Mord finden, obgleich zunächst von den zuständigen Polizeibehörden eine Vergiftung in Erwägung gezogen wurde. Am 28. März 1933 hieß es dazu in der *Weißeritzzeitung*:

„Der sogleich nach Beginn der nationalen Revolution in Schutzhaft genommene hiesige Kommunistenführer Clemens Holzschuh wurde heute früh um 7.15 Uhr in seiner Zelle tot aufgefunden. Da die Todesursache zunächst nicht einwandfrei festgestellt werden konnte, ist die Leiche beschlagnahmt worden. Die in der Zelle befindlichen Lebensmittel, die ihm gestern von außerhalb gebracht wurden, wurden sichergestellt.“[492]

Aufgrund der angedeuteten Indizien ermittelten die Behörden zunächst gegen seine Frau. Dieser Verdacht erhärtete sich allerdings nicht. Zum Abschluss der Ermittlungen hieß es dagegen von Seiten des Stadtrates: „Der Führer der hiesigen KPD, der wegen Vorbereitung

[490] Sächsische Landes- und Universitätsbibliothek Dresden: Weißeritzzeitung, 1. Mifi. Z. 184: Film 93, 04.12.1936.
[491] Groß, Günter; Eichentopf, Marion; Schulze Dietmar, 2005: Stadtchronik Dippoldiswalde, Dippoldiswalde, S. 143.
[492] Sächsische Landes- und Universitätsbibliothek Dresden: Weißeritzzeitung, 1. Mifi. Z. 184: Film 84, 28.03.1933.

zum Hochverrat im hiesigen Amtsgericht untergebracht war, ist dort an Herzmuskellähmung verstorben."[493] Da der Stadtrat zu diesem Zeitpunkt trotz Einschränkungen noch vergleichsweise mündig und arbeitsfähig war und Nicht-Parteimitglieder die Mehrheit in diesem Gremium stellten, erweist sich die Mord- und Verschleierungstheorie zumindest als fraglich. Welche Motive könnten reguläre Polizeibeamte gehabt haben, um in einem regulären Gefängnis einen Mord zu verüben? Letztendlich fehlen historische Belege für eine solche Tat. Es bleibt zu vermuten, dass sämtliche Annahmen zur Ermordung von Clemens Holzschuh auf SED-Propaganda, Stadtklatsch und Gerüchten basierten. Der natürliche Tod eines 34jährigen verhafteten Republikfeindes wird mit Sicherheit auch in Zukunft Platz für Spekulationen lassen.

[493] Kreisarchiv Landratsamt Sächsische Schweiz – Osterzgebirge: Politische und wirtschaftliche Nachrichten, 3434-223, S. 167.

D. Schlussbetrachtung

1. Die *Machtergreifung* in Sachsen – Eine Zusammenfassung

Die Geschichtswissenschaft richtete ihre Aufmerksamkeit zur Untersuchung der sächsischen Politikgenese lange Zeit ausführlich auf die Formierung der sozialistischen Arbeiterbewegung. Tatsächlich stellt Sachsen ein linkes Erfolgsmodell dar. Das Land an der Elbe war schon frühzeitig zu einer sozialdemokratischen Hochburg avanciert. Diese Kulturhegemonie politisierte und mentalisierte die sächsische Bevölkerung zweifellos entscheidend mit. Dabei etablierte sich ein spezifisches sozialmoralisches Milieu im Land. Doch lange unterschlagen und vernachlässigt blieb das Faktum, dass auch eine andere politische Variable den politischen wie vorpolitischen Raum in Sachsen determinierte. Nirgendwo anders prallten die Extreme so stark aufeinander. Neben der Funktionalisierung als linke Hochburg, maß auch die deutsche Rechte dem Land eine Pionierrolle zu. Deren Stärke beruhte weniger auf der Bildung eigener Milieus, sondern auf einer starken Verflechtung bzw. Verquickung mit dem Bürgertum. Zwischen Konservatismus und Antisemitismus gab es in Sachsen keine weltanschaulichen Gräben, vielmehr vermischten sich die kognitiven Basen beider weltanschaulichen Perzeptionen. Der Antisemitismus, welcher tief in die wilhelminische Gesellschaft Sachsens diffundiert war, wirkte bei dieser Verquickung wie eine Integrationsideologie bzw. wie ein kognitiver Leim. Letztendlich entstand ein großer bürgerlicher Bevölkerungspool, durchsetzt von völkischen und antisemitischen Denkmustern. Auf diesen gesamtgesellschaftlichen Wahrnehmungen fußten wesentliche politische Traditionen und Kontinuitäten Sachsens. Gerade im Hinblick auf eine Untersuchung des Prozesses der *Machtergreifung* können diese Parameter dienliche Indizien liefern. So konnten die antisemitischen Verbände, oft Keimzelle von NS-Aktivisten der ersten Stunde, nach dem Untergang des Kaiserreichs gesellschaftliche Querverbindungen und Netzwerke adaptieren, die noch für den Nationalsozialismus wichtige gesellschaftliche Schlüsselfunktionen besaßen. Daher ist es für viele Historiker wenig überraschend, dass in Sachsen 1921 die erste NSDAP-Ortsgruppe außerhalb Bayerns gegründet wurde. Zu Beginn der Weimarer Republik bildete zunächst nur der Südwesten Sachsens die Basis sämtlicher nationalsozialistischer Operationen im Freistaat. Auch die Reorganisation nach Hitlers Haftentlassung sowie die Renaissance der Partei nach 1926 hatten hier ihre sächsische Wurzel. Besonders interessant ist dabei die Tatsache, dass die frühe NSDAP vorwiegend in den proletarisierten Regionen Sachsens stark war, während sie in den bürgerlichen Regionen, etwa in Leipzig oder Dresden, zu diesem Zeitpunkt nur eine marginale politische Größe darstellte. Insbesondere Funktionäre von Wehrverbänden oder nationalistischen Organisationen verhalfen der NSDAP zunehmend zur Salonfähigkeit. In der Mitte der Gesellschaft angekommen, erodierte die Isolation der Partei im Bürgertum insbesondere nach den Landtagswahlen 1926 und 1929. Mit ihrer parteipolitischen Hegemonisierung im völkischen Lager beendete sie nicht nur die Wirren von Richtungs- und Machtkämpfen im rechtsradikalen Wählerghetto, sie öffnete sich auch die Tür ins große national gesinnte sächsische Bürgertum. Historische Begleiterscheinungen stimulierten diese Entwicklung. Grundvorrausetzungen waren dafür einerseits die sich durch die permanente Wirtschaftskrise entfaltenden Radikalisierungstendenzen bürgerlicher Kreise sowie andererseits die Politisierung der Jugend. Gerade die Jugendlichkeit der NSDAP garantierte der Partei einen Bewegungscharakter und damit einhergehend die ständige Mobilisierung eigener und sympathisierender Klientel. Dem jugendlichen Auftreten geschuldet, gewann die nationalsozialistische Bewegung zusätzlich das Antlitz einer modernen Freiheitsbewegung. In der Folge erschlossen die Nationalsozialisten zunächst außerparlamentarische Räume. In Sachsen waren das vor allem das studentisch-akademische sowie das landwirtschaftliche Milieu. Schon 1931 wurden diese Strukturen von der Hitlerbewegung dominiert. Auch in anderen Berufsständen und sozialen Gruppen gewann die NSDAP an Einfluss, kennzeichnend ist dabei, dass es der Partei früher oder später gelang in fast alle politischen Lager einzubrechen. Prominente Führungsfiguren und einflussreiche Persönlichkeiten hatten dieser Entwicklung den Weg geebnet und für die notwendige Popularisierung Sorge getragen. Für Sachsen repräsentierten der Wehrverbandsfunktionär und ehemalige Marineoffizier Manfred von Killinger sowie der Monarchensohn August Wilhelm von Preußen diese Akteursgruppe. Nachdem die Nationalsozialisten mit der Landtagswahl 1930 die stärkste antimarxistische Partei im Parlament stellten, begann die Zertrümmerung des bürgerlichen Lagers. Während die Parteien der liberalen und konservativen bürgerlichen Mitte zu Splitterparteien mutierten, entwickelte sich die NSDAP zu einer aktivistischen Massenpartei. Trotz der realpolitischen Entwicklung, blieb sie im Landtag von der parlamentarischen Macht isoliert. Das Beamtenkabinett Schieck hielt sich bis zum 8. März 1933 geschäftsführend im Amt. Während der grassierenden Wirtschaftskrise konnte die NS-Bewegung derweil weitere radikalisierte bürgerliche Kreise rekrutieren. Mit der Reichspräsidentenwahl 1932 wurde diese Entwicklung offensichtlich bzw. manifest. Während die anderen beiden Wahlkreise in etwa dem reichsweiten Schnitt entsprachen, kristallisierte sich Sachsens Südwesten einmal mehr als nationalsozialistische Hochburg heraus. Mit den kurz darauf folgenden Reichtagswahlen im

Juli etablierten sich neben dem südwestlichen Raum auch die Regionen Mittel- und Ostsachsens als Hochburgen der NSDAP. Nur im Leipziger Wahlkreis wurde nicht signifikant stärker nationalsozialistisch gewählt als im Reich. Neben Ostpreußen, Pommern, Thüringen, Mecklenburg, Schleswig-Holstein, Schlesien, Hannover-Braunschweig und Franken zählte Sachsen somit zu den Regionen, aus denen die Nationalsozialisten ihre besten Ergebnisse bezogen. Die parlamentarische Statik im Landtag blieb von diesen realpolitischen Mehrheiten zunächst unangetastet. Eine Interessenidentität von Sozialdemokraten und bürgerlichen Parteien, beide wollten weder Neuwahlen noch eine Regierungsbildung mit den Nationalsozialisten, garantierte dem Machtgefüge bis zum 30. Januar 1933 eine erstaunliche Stabilität. Erst die Kanzlerschaft Hitlers beendete diese Konstellation. Angesichts der allgemeinen Zentralisierungsbestrebungen der Berliner Führung sowie der ständigen Anwesenheit und Beobachtung der sächsischen NSDAP-Gliederungen entstand sowohl von *oben* als auch von *unten* ein ungeheurer Anpassungsdruck auf das sächsische Kabinett. Infolge eines vorauseilenden Gehorsams beteiligte sich die sächsische Regierung daher gründlich an der Ausführung der Reichtagsbrandverordnung. Parallel dazu kristallisierte sich jenes charakteristische Zusammenwirken von örtlichen NS-Gliederungen einerseits und der Reichsregierung andererseits heraus. Dem sich verstärkenden politischen Druck hielt die sächsische Regierung noch bis zum 8. März 1933 stand. Mit der endgültigen Entmachtung der alten Regierung und der Einsetzung Manfred von Killingers als Polizeikommissar für Sachsen war auch die institutionelle *Machtergreifung* in Sachsen vollzogen.

2. Die *Machtergreifung* in Dippoldiswalde im Spiegel des sächsischen Prozesses

Das gesellschaftliche Klima in der untersuchten Kleinstadt stand im krassen Widerspruch zum allgemein gezeichneten Bild von Sachsen. Stellte das Land für die Geschichtsforscher stets das Paradebeispiel einer industrialisierten Region mit kleinstädtischer Struktur dar, so entspricht gerade Dippoldiswalde nicht dem Typus eines Industriedorfes. Zwar gab es auch in Dippoldiswalde Industriestrukturen, doch prägten diese nur im verhältnismäßig kleinen Rahmen die Sozioökonomie der Bevölkerung. Selbst umliegende kleinere Gemeinden wiesen stärkere Industrialisierungstendenzen auf, so etwa Schmiedeberg, Glashütte, Oelsa oder Karsdorf. Landwirtschaft, Kleingewerbe und Handwerk spielten in Dippoldiswalde noch eine stärkere Rolle als in den Industriedörfern. Aufgrund des amtshauptmannschaftlichen Verwaltungssitzes, der Müllerschule, des ansässigen Amtsgerichtes und anderer

Einrichtungen spielte auch das Beamtentum in der Kleinstadt eine bedeutende gesellschaftliche Rolle. Die marginalisierte Industrie in der Stadt hatte zur Folge, dass das Proletariat unterentwickelt blieb. Der starke bürgerliche Bevölkerungsimpetus behinderte die Formierung einer sozialistischen Arbeiterbewegung nebst proletarisierter Parallelgesellschaft. Sie bildete sich vergleichsweise spät und schwach aus, eine Konsumverkaufstelle wurde in Dippoldiswalde acht Jahre später eingerichtet als im von einer starken organisierten Arbeiterschaft geprägten Schmiedeberg. Die schwache Ausprägung einer sozialistischen Arbeiterkultur hatte wiederum Konsequenzen auf politische Entscheidungsprozesse. Auch plebiszitär lässt sich keine sozialistische Tradition herausschälen, ganz im Gegenteil in keiner anderen größeren Kommune der Amtshauptmannschaft bezog die SPD ähnlich schlechte Ergebnisse wie in Dippoldiswalde. Schon frühzeitig hatte sich dieser Trend herauskristallisiert. Selbst innerhalb des Wahlkreises bildete die Stadt einen antisozialistischen Pol, der wesentlichen Anteil daran trug, dass die Stimmen des linken Plauenschen Grundes sowie der Industriedörfer lange Zeit kompensiert wurden und ein konservativer Kandidat in den Reichstag geschickt wurde. Selbst als 1898 erstmals ein Sozialdemokrat den Wahlkreis erobern konnte, widersetzte sich die Stadt diesem Trend. Nur 12,1 Prozent der Dippoldiswalder hatten bei dieser Reichtagswahl SPD gewählt. Anstelle des sozialistischen Milieus florierte in der Stadt aber eine andere Weltanschauung. In Dippoldiswalde feierten die Antisemiten des Kaiserreichs große Wahlerfolge. Mit 87,6 Prozent waren gerade die Dippoldiswalder 1893 daran beteiligt, dass einer der elf antisemitischen *Reformpartei*-Mandatare des Reichtages aus dem untersuchten Wahlkreis entsandt wurde. Auch wenn der Erfolg der Reformer nur ein Intermezzo war und den Sozialdemokraten bei folgenden Wahlen auch in Dippoliswalde mehr Stimmen zukamen, etablierten sich noch am Vorabend des Ersten Weltkrieges, die politische Landkarte Sachsens hatte sich längst dunkelrot gefärbt, keine linken Majoritäten in der Stadt. Diese Kontinuität setzte sich auch in der Weimarer Republik fort. Allerdings hatte auch das rechtsradikale Milieu zu Beginn der Weimarer Republik Schwierigkeiten in Dippoldiswalde. Trotz des latenten Antisemitismus in der Stadt und der Anfälligkeit für nationalistische Inhalte profitierten völkische Parteien zunächst nicht von diesem tatsächlich vorhanden kognitiven Konglomerat. Allerdings spiegelten die Wahlergebnisse nur die Oberfläche des gesellschaftlichen Zustands von Dippoldiswalde wider, die rege Aktivität von Militär- und Schützenvereinen, Wehrverbänden und nationalistischen Massenorganisationen sowie deren antisystemische, antidemokratische und völkische Rhetorik deuteten die unterschwellig existierenden Perzeptionen in der Bevölkerung an. Der bürgerliche Impetus verbat es sich allerdings, eine verpönte und marginalisierte Partei zu wählen. Aus diesem Grund spielte die NSDAP weder in der Stadt noch in der Amtshauptmannschaft insgesamt zunächst eine Vorreiterrolle. Lediglich in einigen Kommunen des westlichen Kreisgebietes, so etwa in Pretzschendorf oder Friedersdorf, erlangte die Partei schon 1926 Bewegungscharakter. Die Region unterlag damit auch der allgemeinen Transmissionsrichtung des Nationalsozialismus in Sachsen, wonach sich die Partei wie dargestellt von Westen kommend im Land ausbreitete und festsetzte. Die Amtshauptmannschaft Dippoldiswalde spielte dabei keine Ausnahme. Erste Organisationsversuche scheiterten und bei Wahlen schnitt die Partei noch im Mai 1929 miserabel ab. Dies verzerrte allerdings die politische Realität.

Tab.9: NSDAP-Landtagswahlergebnisse 1926 bis 1930.

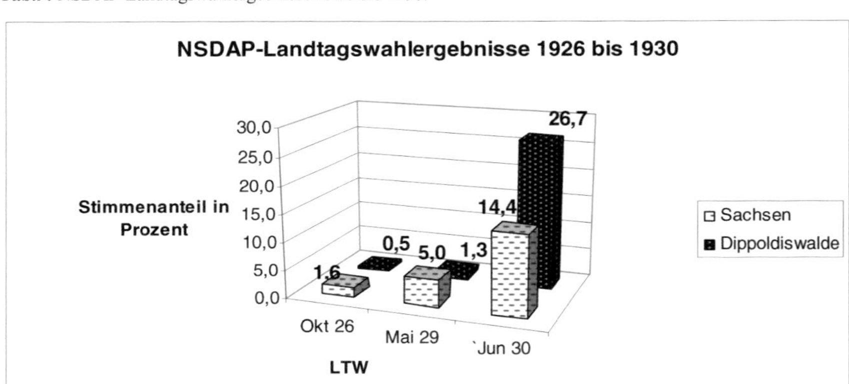

Das Gros der Dippoldiswalder stand dem neuen Gedankengut nicht etwa immun gegenüber, im Gegenteil die Hitlerbewegung musste in der Stadt keine Nationalsozialisten konstituieren. Vielmehr musste sie die Bürger nur da abholen, wo sie sich geistig schon lange eingefunden hatten. Der Schlüssel zum Durchbruch lag in der Salonfähigkeit. Mit den überregionalen Erfolgen stellte sie sich während des Wahljahres 1929 auch ein. In der Folge bestätigte sich die These und der wirkliche Kern der kognitiven politischen Welt von Dippoldiswalde brach an die Oberfläche. Damit bestätigen die Entwicklungen in der untersuchten Stadt auch vorangegangene Studien: „Diese [die NSDAP; Anm. des Autors] übernahm oft nur und vermochte relativ leicht und schnell zusammenzufassen, was […] als ideologisch-politisches und interessenpolitisches Potential schon längst vorgeformt war."[494] Die Landtagswahlen im Juni 1930 brachten dies eindrucksvoll zum Ausdruck. Mit einem Ergebnis von knapp 27 Prozent hatte die NSDAP ihren Stimmenanteil binnen 13 Monate nicht nur verzwanzigfacht, die NSDAP war in der Kleinstadt zudem doppelt so stark geworden wie im landesweiten Schnitt. Von nun an punktete die Partei überdurchschnittlich stark in Dippoldiswalde. Als die größte Kommune in der Amtshauptmannschaft mit derartig überdurchschnittlichen Ergebnissen für die NSDAP, bildete die Stadt sogar das wahlpolitische Epizentrum der nationalsozialistischen Bewegung. Mit dem Verlust der Bindungs- und Integrationskraft der herkömmlichen bürgerlichen Parteien wuchs der Wähler- und Sympathisantenpool kontinuierlich an. Schließlich war der Durchbruch zur Massenpartei gekennzeichnet von einer Reihe prominenter Persönlichkeiten, welche sich vom Nationalsozialismus hatten bekehren lassen. Diese Entwicklung personifizierten in der Stadt vor allem der Pfarrer Müller, der Notar und Stadtverordnete Krasting, der stellvertretende Bürgermeister Schwind sowie der Landwirtschaftsfunktionär und Stadtverordnete Heeger. Neben zahlreichen anderen Persönlichkeiten des öffentlichen Lebens waren vor allem sie es, die der Hitlerbewegung in der Stadt ein Gesicht gaben und der NSDAP insbesondere im akademischen und landwirtschaftlichen Milieu zu Meinungsführerschaft und Dominanz verhalfen. Allerdings hatte auch der gesellschaftliche Zugriff in der Stadt vergleichsweise spät eingesetzt. Deutlich hatten dies die Akten des Stadtrates gemacht, als eine Anfrage oberer Behörden bezüglich der NS-Aktivitäten im Landwirtschaftssektor 1928 überzeugend verneint wurde.[495] In weiten Teilen Sachsens waren landwirtschaftliche Strukturen zu diesem Zeitpunkt bereits von Anhängern der Hitlerbewegung durchsetzt. Noch nicht einmal zur Kommunalwahl 1929 hatte es die NSDAP geschafft, eine eigene Kandidatenliste in der Stadt aufzustellen. Danach vollzog sich der Prozess allerdings mit rasender Geschwindigkeit. Während sich die typischen Industriedörfer in der Region um Dippoldiswalde dem Nationalsozialismus gegenüber als verhältnismäßig resistent erwiesen, verfielen ab 1930 gerade die ländlich-agrarwirtschaftlich geprägten Kommunen sowie der Sitz der Amtshauptmannschaft selbst der neuen Bewegung. Dem klischierten Bild, das den Nationalsozialisten in Sachsen vor allem in proletarisierten Regionen große Erfolge beschieden waren, entspricht dieses Ergebnis nicht im Geringsten. Zwar konnte die NSDAP auf dem Zenit ihres Erfolges im Juli 1932 auch in die Lager von Links- und Nichtwählern einbrechen, eine Zertrümmerung wie sie die bürgerlichen Parteien

[494] Broszat, Martin, 1983: Zur Struktur der NS-Bewegung, in: Vierteljahreshefte für Zeitgeschichte 31, München: Deutsche Verlags-Anstalt Stuttgart, S. 63.
[495] Vgl.: Kreisarchiv Landratsamt Sächsische Schweiz – Osterzgebirge: Politische und wirtschaftliche Nachrichten, 3434-223, S. 58.

erfuhren, blieb allerdings sowohl der SPD als auch der KPD erspart. In der untersuchten Stadt gab es keinen prominenten Überläufer des sozialistischen Arbeitermilieus hin zur NS-Bewegung. Lediglich Osternack aus Rabenau symbolisiert die Tangierung dieses politischen Lagers. Zwar verebbte im weiteren Verlauf der stetig wachsende Erfolg der Nationalsozialisten und die bürgerliche Parteien begannen sich zu reorganisieren, den überregionalen Entwicklungen tat diese Ernüchterung indes keinen Abbruch. Mit der Kanzlerschaft Hitlers erhielt die Hitlerbewegung vor Ort neue Dynamik, der politische Druck der Berliner Führung schlug sich auch auf die sächsische Regierung und damit letztendlich auch auf die Kommunen nieder. Die bürgerlich-sozialdemokratische Zusammenarbeit der Dippoldiswalder Stadtverordnetenversammlung, welche sich mit dem Einzug der NSDAP ins Stadtparlament im November 1932 erstmals entwickelte, fand daher ein jähes Ende. Den neuen politischen Gegebenheiten entsprechend, fand ein Anpassungsprozess statt, welcher im März 1933 in einer bürgerlich-nationalsozialistischen Zusammenarbeit mündete.

3. Fazit

Da Sachsen für die Geschichtsschreibung lange als Hort von Industrialisierung und Arbeiterbewegung angesehen wurde, lag es nahe die Proletarisierung als Konstitutionsfaktor der sächsischen NS-Bewegung herauszuschälen. Doch die Untersuchung einer typisch provinziellen sächsischen Kleinstadt legt einen anderen Schluss nahe. Der Nationalsozialismus gedieh in Sachsen nicht wegen, sondern trotz der Proletarisierung. Überbewerteten Historiker die sozialistischen Traditionen Sachsen, vernachlässigten sie dagegen die politischen Kontinuitäten des Antisemitismus und die starke Stellung der Landwirtschaft. Gerade am Beispiel der untersuchten Stadt wird deutlich, wie gut diese Kontinuitäten geeignet sind, den Aufstieg des Nationalsozialismus zu erklären. Der Nationalsozialismus hatte in Dippoldiswalde keine eigens intendierte Genese, er war nur ein Exportprodukt. Allerdings gab es eine hohe Nachfrage. Demnach operierten die Nationalsozialisten in Sachsen in einer zu ihrer Weltanschauung adäquaten kognitiven Hemisphäre. Typische völkische Stereotype können insbesondere für Dippoldiswalde schon früh nachgewiesen werden. Auch wenn die Stadt mitnichten einer Denkfabrik des Antisemitismus entsprach, waren die ideologischen Versatzstücke doch tief in die wilhelminische Gesellschaft Dippoldiswaldes diffundiert. Diese Perzeptionen wurden in der Weimarer Republik nicht verarbeitet, sie schlummerten im Unterbewusstsein der Stadt weiter.

Geweckt und mobilisiert wurden diese Einstellungsmuster von der Wirtschaftskrise, welche weite Teile des Bürgertums radikalisierte sowie dem Bewegungscharakter des jugendlichen Nationalsozialismus. Daraufhin entwickelte die NSDAP eine ungeheure Dynamik, in deren Folge das bürgerliche Lager in relativer Geschlossenheit überlief. Nur das typische sächsische Industriedorf blieb in der untersuchten Region einigermaßen immun gegenüber der neuen Bewegung. Zeitlich betrachtet, fand der Nationalsozialismus relativ spät einen Zugang in die Region, erst zur Landtagswahl 1930 gelang ihm in der Stadt der Durchbruch. Nach diesem Wahlerfolg avancierte Dippoldiswalde fortan zu einer nationalsozialistischen Hochburg in der Amtshauptmannschaft und Sachsen insgesamt. Einmal dem gesellschaftlichen Zugriff ausgesetzt, konnte die NSDAP eine ungeheuerlich starke Anziehungskraft auf den bürgerlichen Bevölkerungspool der Stadt entfalten. Von der Dynamik ließen sich schließlich überdurchschnittlich große Teile der Bevölkerung mitreißen. Dippoldiswalde trug folglich einen merklichen Anteil an der Auflösung der Weimarer Republik.

Das Beispiel der untersuchten Stadt belegt nicht nur demonstrativ die Opportunität provinzieller Kommunalpolitiker. Dippoldiswalde steht mit seiner Entwicklung stellvertretend für die sächsische Provinz, in welcher der Zugriff der Nationalsozialisten auf die Bevölkerung später stattgefunden hatte als in proletarisierten Gebieten, sich dafür aber nach dem Einsetzen der Salonfähigkeit umso stärker ausprägen konnte und im nicht unerheblichen Maße zur Majorisierung der nationalsozialistische Bewegung im Land beigetragen hat.

E. Anhang

RTW-Wahlergebnisse der NSDAP (einschließlich Vorläuferorganisationen*) 1924 bis 1933 in der Amtshauptmannschaft (ausgewählte Orte - Stimmenanzahl in Prozent)

	Mai 24*	Dez 24*	Mai 28	Sep 30	Jul 32	Nov 32	Mrz 33
Deutsches Reich	6,6	3,0	2,6	18,2	37,3	33,1	43,9
Amtshauptmannschaft	1,5	1,6	k.A.	16,3	50,1	45,5	55,4
Dippoldiswalde	5,7	1,1	1,9	24,1	53,8	48,8	53,1
Altenberg	0,1	4,2	1,0	15,1	41,2	38,4	45,4
Bärenstein	0,0	0,0	0,0	11,7	44,3	42,1	52,0
Burkersdorf	7,1	28,0	10,4	34,6	85,6	79,6	90,0
Friedersdorf	0,4	2,2	10,1	31,0	91,6	86,2	92,8
Geising	0,5	1,7	0,7	8,7	52,3	46,8	55,3
Glashütte	0,4	0,1	0,5	12,5	38,9	35,0	44,7
Hartmannsdorf	0,0	0,3	2,0	13,0	56,0	51,3	72,0
Hermsdorf Erz.	0,3	5,0	7,6	16,5	64,0	62,1	78,4
Höckendorf	1,3	0,2	2,5	13,8	49,9	43,7	47,6
Kreischa	1,7	0,6	0,6	14,1	38,3	36,3	42,6
Niederfrauendorf	0,0	0,0	0,0	43,1	75,2	78,2	83,5
Pretzschendorf	0,3	7,9	18,5	41,8	68,9	65,9	74,3
Reinhardtsgrimma	0,6	0,6	0,5	20,5	61,0	54,7	70,1
Reinholdshain	4,7	4,0	1,6	34,5	66,9	60,9	73,0
Ruppendorf	0,6	0,0	1,0	10,9	48,4	43,0	51,0
Schmiedeberg	3,6	0,8	0,3	11,5	27,1	20,8	28,3

bei Ergebnisse unter 0,1 steht in der Tabelle trotzdem 0,1; außer es gab gar keine Stimme für die NSDAP (dann 0,0)

Landtagswahlen in Sachsen (Stimmenanzahl in Prozent)

	Feb 19	Nov 20	Nov 22	Okt 26	Mai 29	Jun 30
KPD	-	5,7	10,5	14,5	12,8	13,6
USPD	16,3	13,9	-	-	-	-
SPD	41,6	28,3	41,8	32,1	34,2	33,4
DDP	22,9	7,7	8,4	4,7	4,3	3,2
WP	-	0,8	0,2	10,1	11,3	10,6
Zentrum	1,0	1,1	0,9	1,0	0,9	-
DVP	3,9	18,6	18,7	12,4	13,4	8,7
SLV	-	-	-	-	5,2	4,6
DNVP	14,3	21,0	19,0	14,5	8,0	4,8
NSDAP	-	-	-	1,6	5,0	14,4
Sonstige	-	2,9	0,5	9,1	4,9	6,7

F. Diagramm- und Tabellenverzeichnis

G. Literaturverzeichnis

Adolph, Jens, 1998: Der VSI-Vorsitzende Wilhelm Wittke, in: Heß, Ulrich; Schäfer, Michael (Hrsg.): Unternehmer in Sachsen. Aufstieg – Krise – Untergang – Neubeginn, Leipzig: Leipziger Universitätsverlag, S. 181 - 192.

Adolph, Jens, 1998: Die Wirtschaftspolitik des Verbandes Sächsischer Industrieller 1928 – 1934, in: Bramke, Werner; Heß, Ulrich (Hrsg.): Wirtschaft und Gesellschaft in Sachsen im 20. Jahrhundert, Leipzig: Leipziger Universitätsverlag, S. 157 – 184.

Aly, Götz, 2008: Unser Kampf. 1968 – ein irritierter Blick zurück, Frankfurt am Main: Fischer Verlag.

Bergmann, Werner, 2004: Vom Antijudaismus zum Antisemitismus, in: Ephraim Carlebach Stiftung; Sächsische Landeszentrale für politische Bildung (Hrsg.): Antisemitismus in Sachsen, Dresden: Grafia Druck Radeberg GmbH, S. 19 - 42.

Blaschke, Karlhein, 2006: Historisches Ortsverzeichnis von Sachsen, Leipzig: Leipziger Universitätsverlag.

Blaschke, Karlheinz, 1965: Industrialisierung und Bevölkerung in Sachsen im Zeitraum von 1830 bis 1890, in: Raumordnung im 19. Jahrhundert, Hannover: Gebrüder Jänecke Verlag, S. 69 – 95.

Bracher, Karl Dietrich, 1984: Die Auflösung der Weimarer Republik. Eine Studie zum Problem des Machtverfalls in der Demokratie, Düsseldorf: Droste Verlag.

Breuer, Stefan, 2008: Die Völkischen in Deutschland, Darmstadt: WBG.

Broszat, Martin, 1983: Zur Struktur der NS-Massenbewegung, in: Vierteljahreshefte für Zeitgeschichte 31, München: Deutsche Verlags-Anstalt Stuttgart, S. 52 – 76.

Döring, Martin, 2001: „Parlamentarischer Arm der Bewegung“, Düsseldorf: Droste Verlag.

Engelmann, Tanja, 2004: „Wer nicht wählt, hilft Hitler.“ Wahlkampfberichterstattung in der Weimarer Republik, Köln: Böhlau Verlag.

Ephraim Carlebach Stiftung; Sächsische Landeszentrale für politische Bildung (Hrsg.), 2004: Antisemitismus in Sachsen, Dresden: Grafia Druck Radeberg GmbH.

Faust, Anselm, 1973: Der Nationalsozialistische Studentenbund. Band 1, Düsseldorf: Pädagogischer Verlag Schwann.

Faust, Anselm, 1973: Der Nationalsozialistische Studentenbund. Band 2, Düsseldorf: Pädagogischer Verlag Schwann.

Franz-Willing, Georg, 1974: Ursprung der Hitlerbewegung 1919 – 1922, Oldenburg: Verlag K.W. Schütz KG.

Frei, Norbert, 2001: Der Führerstaat. Nationalsozialistische Herrschaft 1933 bis 1945, München: Deutscher Taschenbuchverlag.

Frei, Norbert, 1983: „Machtergreifung“. Anmerkungen zu einem historischen Begriff, in: Vierteljahreshefte für Zeitgeschichte 31, München: Deutsche Verlags-Anstalt Stuttgart, S. 136 – 145.

Grevelhörster, Ludger, 2003: Kleine Geschichte der Weimarer Republik. Ein problemgeschichtlicher Überblick, Münster: Aschendorff Verlag.

Gross, Reiner, 1997: Die sächsische Landwirtschaft in der zweiten Hälfte des 19. Jahrhunderts. Tendenzen der kapitalistischen Entwicklung, in: Aurig, Rainer; Herzog, Steffen; Lässig, Simone (Hrsg.): Landesgeschichte in Sachsen, Bielefeld: Verlag für Regionalgeschichte, S. 163 – 168.

Grünthaler, Mathias, 1995: Parteiverbote in der Weimarer Republik, Frankfurt am Main: Peter Lang.

Herbst, Ludolf, 1996: Das nationalsozialistische Deutschland, Frankfurt am Main: Suhrkamp.

Hess, Ulrich, 1998: Sachsens Industrie in der Zeit des Nationalsozialismus. Ausgangspunkte, struktureller Wandel, Bilanz, in: Bramke, Werner; Derselbe (Hrsg.): Wirtschaft und Gesellschaft in Sachsen im 20. Jahrhundert, Leipzig: Leipziger Universitätsverlag, S. 53 - 88.

Hildebrand, Klaus, 2003: Das Dritte Reich, München: Oldenbourg Verlag.

Höppner, Solvejg, 2004: Einleitung, in: Ephraim Carlebach Stiftung; Sächsische Landeszentrale für politische Bildung (Hrsg.): Antisemitismus in Sachsen, Dresden: Grafia Druck Radeberg GmbH, S. 9 – 18.

Höppner, Solveig, 2004: Politische Reaktionen auf die Einwanderung ausländischer Juden nach Sachsen zwischen 1871 und 1925 auf kommunaler und staatlicher Ebene, in: Ephraim Carlebach Stiftung; Sächsische Landeszentrale für politische Bildung (Hrsg.): Antisemitismus in Sachsen, Dresden: Grafia Druck Radeberg GmbH S. 123 – 141.

Horn, Wolfgang, 1980: Der Marsch zur Machtergreifung. Die NSDAP bis 1933, Düsseldorf: Athenäum/ Droste.

Klein, Michael, 1995: Die Herbstkrise 1923 zwischen dem Reich, Bayern und Sachsen im Spiegel zeitgenössischer deutscher Zeitungen, Frankfurt am Main: Peter Lang.

Kolditz, Gerald, 1997: Der Alldeutsche Verband in Dresden. Antitschechische Aktivitäten zwischen 1895 und 1914, in: Aurig, Rainer; Herzog, Steffen; Lässig, Simone (Hrsg.): Landesgeschichte in Sachsen. Tradition und Innovation, Bielefeld: Verlag für Regionalgeschichte, S. 235 - 248.

Lapp, Benjamin, 1998: Der Aufstieg des Nationalsozialismus in Sachsen, in: Pommerin, Reiner (Hrsg.): Dresden unterm Hakenkreuz, Köln: Böhlau Verlag, S. 1 – 24.

Lässig, Simone, 2004: Staat und liberales Bürgertum im Emanzipationsdiskurs des 19. Jahrhunderts – Das Beispiel Sachsen, in: Ephraim Carlebach Stiftung; Sächsische Landeszentrale für politische Bildung (Hrsg.): Antisemitismus in Sachsen, Dresden: Grafia Druck Radeberg GmbH, S. 43 - 65.

Lienert, Matthias, 1995: Der Einfluss des Nationalsozialismus auf die Technische Hochschule Dresden während der Weimarer Republik, in: Neues Archiv für sächsische Geschichte 66, S. 273 – 291.

Lohalm, Uwe, 1970: Völkischer Radikalismus. Die Geschichte des Deutschvölkischen Schutz- und Trutz-Bundes 1919 – 1923, Hamburg: Leibniz-Verlag.

Longerich, Peter, 1989: Die braunen Bataillone. Geschichte der SA, München: C.H. Beck.

Neliba, Günther, 1995: Wilhelm Frick und Thüringen als Experimentierfeld für die nationalsozialistische Machtergreifung, in: Heiden, Detlev; Mai, Gunther (Hrsg.): Nationalsozialismus in Thüringen, Weimar: Böhlau Verlag, S. 75 – 96.

Noakes, Jeremy, 1998: The Emergence of Nazism as a Mass Movement, in: Derselbe (Hrsg.): Nazism 1919 – 1945, Exeter: Short Run Press, S. 57 – 87.

Parak, Michael, 2004: Hochschule und Wissenschaft in zwei deutschen Diktaturen. Elitenaustausch an sächsischen Hochschulen 1933 – 1952, Köln: Böhlau Verlag.

Peschel, Andreas, 2009: Rudolf Haake und die Leipziger NSDAP, in: Stadtgeschichte. Mitteilungen des Leipziger Geschichtsvereins, Markkleeberg: Sax-Verlag, S. 133 - 152.

Pohl, Karl Heinrich, 1995: Wirtschaft und Wirtschaftsbürgertum im Königreich Sachsen im frühen 20. Jahrhundert, in: Bramke, Werner; Heß, Ulrich (Hrsg.): Sachsen und Mitteldeutschland. Politische, wirtschaftliche und soziale Wandlungen, Köln: Böhlau Verlag, S. 319 - 336.

Pommerin, Reiner, 2003: Geschichte der TU Dresden 1828 – 2003, Köln: Böhlau Verlag.

Retallack, James, 2000: Herrenmenschen und Demagogentum Konservative und Antisemiten in Sachsen und Baden, in: Derselbe (Hrsg.): Sachsen in Deutschland. Politik, Kultur und Gesellschaft 1830 – 1918, Dresden: Lausitzer Druck- und Verlagshaus, S. 115 - 141.

Rudolph, Karsten, 1995: Die sächsische Sozialdemokratie. Vom Kaiserreich zur Republik 1871 – 1923, Köln: Böhlau Verlag.

Szejnmann, Claus-Christian, 1999: Nazism in central germany. The brownshirts in "red" saxony, Oxford: Berghahn Books.

Szejnmann, Claus-Christian, 1998: Sächsische Unternehmer und die Weimarer Demokratie. Zur Rolle der sächsischen Unternehmer in der Zeit der Weltwirtschaftskrise und des Aufstiegs des Nationalsozialismus, in: Heß, Ulrich; Schäfer, Michael (Hrsg.): Unternehmer in Sachsen. Aufstieg – Krise – Untergang – Neubeginn, Leipzig: Leipziger Universitätsverlag, S. 165 - 180.

Szejnmann, Claus-Christian, 2000: Vom Traum zum Alptraum. Sachsen in der Weimarer Republik, Dresden: Sächsische Landeszentrale für politische Bildung.

Thamer, Ulrich, 2002: Der Nationalsozialismus, Stuttgart: Reclam.

Thoß, Hendrik, 2008: Demokratie ohne Demokraten?, Berlin: be.bra verlag.

Tracey, Donald, 1995: Der Aufstieg der NSDAP bis 1930, in: Heiden, Detlev; Mai, Gunther (Hrsg.): Nationalsozialismus in Thüringen, Weimar: Böhlau Verlag, S. 49 – 74.

Vollnhals, Clemens, 2002: Der gespaltene Freistaat: Der Aufstieg der NSDAP in Sachsen, in: Derselbe (Hrsg.): Sachsen in der NS-Zeit, Leipzig: Gustav Kiepenheuer Verlag GmbH, S. 9 – 40.

Wagner, Andreas, 2004: Machtergreifung in Sachsen, Köln: Böhlau Verlag.

Wagner, Andreas, 2001: Mutschmann gegen von Killinger. Konfliktlinien zwischen Gauleiter und SA-Führer während des Aufstiegs der NSDAP und der *Machtergreifung* im Freistaat Sachsen, Leipzig: Sax-Verlag Beucha.

Wagner, Andreas, 2002: Partei und Staat. Das Verhältnis von NSDAP und innerer Verwaltung im Freistaat Sachsen 1933 – 1945, in: Vollnhals, Clemens (Hrsg.): Sachsen in der NS-Zeit, Leipzig: Gustav Kiepenheuer Verlag GmbH, S. 41 – 56.

Walter, Franz, 1993: Sachsen und Thüringen: Von Mutterländern der Arbeiterbewegung zu Sorgenkindern der SPD. Einführung und Überblick, in: Derselbe; Dürr, Tobias; Schmidtke, Klaus (Hrsg.): Die SPD in Sachsen und Thüringen zwischen Hochburg und Diaspora, Bonn: Verlag J.H.W. Dietz Nachf. GmbH, S. 11 – 38.

H. Quellenverzeichnis

Groß, Günter; **Eichentopf**, Marion; **Schulze**, Dietmar, 2005: Stadtchronik Dippoldiswalde, Dippoldiswalde.

http://isgv.serveftp.org/saebi/artikel.php?SNR=25&menu=1&m= am 11.09.2009.

http://www.wahlen-in-deutschland.de am 25.10.2010

http://www.lwl.org/literaturkommission/alex/index.php?id=00000003&letter=K&layout=2&author_id=00000704&SID=e3d71c1af7dc79ccca655071a4aeb4cf am 13.10.2009.

Kreisarchiv Landratsamt Sächsische Schweiz – Osterzgebirge: Beurteilungen nach 45, 3825-329.

Kreisarchiv Landratsamt Sächsische Schweiz – Osterzgebirge: Festschrift zum 750jährigen Jubiläum von Dippoldiswalde, Archivbibliothek: 1968.

Kreisarchiv Landratsamt Sächsische Schweiz – Osterzgebirge: Kampferfülltes Leben, Archivbibliothek: 1978.

Kreisarchiv Landratsamt Sächsische Schweiz – Osterzgebirge: Politische und wirtschaftliche Nachrichten, 3434-223.

Lohgerber- Stadt- und Kreismuseum Dippoldiswalde: Die Uhrenindustrie in Glashütte, Museumsbibliothek 01 24 03: 1895.

Lohgerber- Stadt- und Kreismuseum Dippoldiswalde: Dokumentation der Armaturenfabrik Blanke, Museumsbibliothek 01 21 29: 2002.

Lohgerber- Stadt- und Kreismuseum Dippoldiswalde: Freundschaft in schwerster Stunde, Museumsbibliothek 01 24 181: 1967.

Lohgerber- Stadt- und Kreismuseum Dippoldiswalde: Unsere Heimatstadt Glashütte, Museumsbibliothek 01 24 09: 1939.

Lohgerber- Stadt- und Kreismuseum Dippoldiswalde: VEB Hydraulik Dippoldiswalde, Museumsbibliothek 01 21 30: 1957.

Lohgerber- Stadt- und Kreismuseum Dippoldiswalde: Vom Kampf Deutscher Antifaschisten, Museumsbibliothek 01 22 29: 1982.

Lohgerber- Stadt- und Kreismuseum Dippoldiswalde: Zur ökonomischen Entwicklung der Stadt Dippoldiswalde zwischen 1918 und 1939, Museumsbibliothek 01 22 108: 1991.

Reuth, Ralf Georg, 1992: Joseph Goebbels Tagebücher. Band 1: 1924 – 1929, München: Piper.

Reuth, Ralf Georg, 1992: Joseph Goebbels Tagebücher. Band 2: 1930 – 1934, München: Piper.

Röllig, Gerhard, 1928: Wirtschaftsgeographie Sachsens, Leipzig.

Sächsische Landes- und Universitätsbibliothek Dresden: Weißeritzzeitung, 1. Mifi. Z. 184.

Vorstand der Sozialdemokratischen Partei, 1931: Jahrbuch der Deutschen Sozialdemokratie für das Jahr 1930, Berlin.